乡村振兴的南海探索

——金融服务农业全产业链新模式

南海农商银行　编著

中国金融出版社

责任编辑：赵晨子
责任校对：李俊英
责任印制：丁淮宾

图书在版编目（CIP）数据

乡村振兴的南海探索：金融服务农业全产业链新模式/南海农商银行编著. —北京：中国金融出版社，2023. 4
ISBN 978 - 7 - 5220 - 1457 - 9

Ⅰ. ①乡… Ⅱ. ①南… Ⅲ. ①农业金融—作用—乡村—农业产业—产业发展—研究—中国 Ⅳ. ①F323

中国国家版本馆 CIP 数据核字（2023）第 035236 号

乡村振兴的南海探索：金融服务农业全产业链新模式
XIANGCUN ZHENXING DE NANHAI TANSUO：JINRONG FUWU NONGYE QUANCHANYELIAN XINMOSHI

出版发行 中国金融出版社
社址 北京市丰台区益泽路 2 号
市场开发部 （010）66024766，63805472，63439533（传真）
网上书店 www.cfph.cn
（010）66024766，63372837（传真）
读者服务部 （010）66070833，62568380
邮编 100071
经销 新华书店
印刷 河北松源印刷有限公司
尺寸 169 毫米 ×239 毫米
印张 14.25
插页 4
字数 200 千
版次 2023 年 4 月第 1 版
印次 2023 年 4 月第 1 次印刷
定价 66.00 元
ISBN 978 - 7 - 5220 - 1457 - 9

2021年9月9日，南海农商银行董事长李宜心率领乡村振兴调研组成员与化州市政府领导交流地方金融机构支持乡村振兴相关工作情况。

2021年9月9日，南海农商银行董事长李宜心率领乡村振兴调研组成员与化州市农业产业相关企业负责人举行座谈会，调研相关企业金融需求。

2021年9月9日，南海农商银行董事长李宜心率领乡村振兴调研组成员赴化州市调研地方产业园区规划发展情况。

2021 年 9 月 10 日，南海农商银行董事长李宜心率领乡村振兴调研组成员赴化州市杨梅镇政府调研地方乡村振兴工作情况。

2021 年 9 月 10 日，南海农商银行董事长李宜心率领乡村振兴调研组成员赴化州市新安镇政府调研地方乡村振兴工作情况。

2021 年 9 月 14 日，南海农商银行乡村振兴调研组成员调研郁南县桂皮产业相关公司的经营情况。

2021 年 9 月 14 日，南海农商银行乡村振兴调研组成员调研郁南县无核黄皮种植大户的黄皮种植情况。

2021 年 9 月 15 日，南海农商银行乡村振兴调研组成员与郁南县农业农村局相关领导交流当地农业产业发展和乡村振兴工作实际情况。

2021 年 10 月 14 日，南海农商银行董事长李宜心率领乡村振兴调研组成员与化州市化橘红产业相关企业负责人举行座谈会，调研化橘红全产业链发展中存在的问题。

2021 年 10 月 14 日，南海农商银行董事长李宜心带领乡村振兴调研组成员调研化州市某化橘红全产业链龙头公司。

2021 年 10 月 14 日，南海农商银行董事长李宜心带领乡村振兴调研组成员调研化州市化橘红的树木资源情况。

2021 年 10 月 14 日，南海农商银行董事长李宜心带领乡村振兴调研组成员在化州农商银行召开主要农业产业金融需求调研交流会。

2021年11月19日，南海农商银行乡村振兴调研组成员调研郁南县当地农业产业食品加工企业的产品研发和市场销售情况。

2022年1月21日，南海农商银行与化州农商银行乡村振兴调研组成员对化州市当地农业龙头企业的企业生产经营和资金需求情况进行调研。

2022年1月23日，南海农商银行与化州农商银行乡村振兴调研组成员走访化州市农业托管中心，并与中心相关负责人交流业务开展情况。

2022 年 1 月 24 日，南海农商银行与化州农商银行乡村振兴调研组成员调研环球水产公司的生产情况和预制菜发展规划。

2022 年 9 月 26 日，白钦先教授带队深入云浮郁南山区农户调研砂糖橘特色产业。

2022 年 9 月 26 日，白钦先教授带队在茂名化州化橘红医药公司调研化橘红产业化情况。

编　委　会

新时代　新征程　新探索　新使命

（代序）

由南海农商银行研究撰写的《乡村振兴的南海探索——金融服务农业全产业链新模式》一书，在中国金融出版社正式出版之前，应南海农商银行邀请，约我为该书写一篇序言。为此，我还专门进行了为时一周的实践考察与研究。以此为基础，在经过一段时间的学习、考察、思考与研究之后，将该书放在中国式现代化伟业中的乡村振兴，以及我本人研究农村金融、政策性金融四十年的积累，在理论与实践的漫漫心路历程之中，加以总结、抽象与提升，试图作出尽可能客观理性的判断与评价。经过反复推敲，几易其稿，最终形成此文，是为序。

（一）

2021年10月初，在我高龄患多年基础性疾病、退休几年之后，应我在中山大学的弟子、兄弟朋友们的多次、多方真诚热情恳切邀请下，我终于选择在南国羊城定居养老。我这个八旬老翁终于像“国宝”大熊猫一样被保护起来，沉浸在温馨的关爱与呵护之中，除了深深的感谢与感动外，就是愧意与不安。闲居羊城一年多的实践表明，健康状况的好转与恢复是出乎预料的，于是休养之余，还可以思考研究一些问题，做些力所能及之事。这岂不令人乐哉、幸哉，欣也、慰也！

在羊城的一年里，陆续从中山大学、暨南大学、华南理工大学，多市多城，论坛内外，闲聊闲谈之中，听到有关南海农商银行、郁南农商银行、化州农商银行与地方政府、财政及各专职部门努力为乡村振兴用心用力、多方尝试、有所贡献之事，引起了我的关注与兴趣。

恰在此时，南海农商银行的有关同志与朋友也提出希望我能为他们撰写的书籍写一篇序言。盛情下，欣然允诺。

为了写好这篇序言，以便不辱使命，就必须充分了解序论的对象本身，这就需要进一步对其学习研究。一个主要的途径就是“走出去”调查研究，可有利于弥补我自身以往相关知识储备与阅历的不足，开阔视野，发现新问题，加深研究与思考，广泛听取各方面相关人士的意见与建议。在南海农商银行领导的大力支持下，在南海、郁南、化州相关领导的陪同下，我的调研历时一周，行程二千余里，收获丰硕。

在尚未进入主题之前，首先需要向读者介绍广东佛山与南海之间的行政隶属关系，后者是前者的一个区。而郁南县隶属于云浮市；化州市是一个县级市，隶属于茂名市。由于南海农商银行对郁南农商银行和化州农商银行的持股，因而南海农商银行服务乡村振兴的改革试点就扩展至郁南县和化州市的县级农商银行。这既为南海农商银行的试点范围扩展到处于不同发展水平的地方，使试点有多样化的适应性，也为广东不同县市提供了一种发展的机会和服务，并且有力地促进了更多地区及南海农商银行自身的发展。而郁南的黄皮和砂糖橘、化州的化橘红和罗非鱼也都是此二地的特色产业及振兴选优产业。

南海、化州和郁南这一改革试点的选择，有此三地乡村振兴特色产业的“特色”鲜明、发展前景良好的优势。这三地的自然环境、资源禀赋、发展水平各异，有由高到中再到低的梯度性特征，符合便于相互促进、共同发展的初衷。南海作为佛山的一个行政区，距广州市极近，又有上级佛山市的引领与带动，在此三地中属先行先发先兴，地方经济与社会发展水平高，市场繁荣，地市经济与市场发育水平高，财政实力强，各行政主管部门思想解放，公共性服务配套齐全，为乡村振兴奠定了强有力的基础。因此，南海是第一个改革试点。南海区农业创造的GDP如今仅占南海区GDP总量的百分之一二，但绝对量近百亿元。这是一个“排头兵”、活样板，可对其他相对后发、慢发地方形成强大的引领、吸引，使大家看到光明前景、奋斗目标。南海自2006年进入快速发展期，2006年GDP不足1000亿元，之后不断提升，16年翻了3番，现在将近3800亿元。南海区政府早在10年前就成立了旨在促进中小企业融资的专项基金，母基金规模达3亿元。10年来，南海农商银行累计发放专项贷款（育鹰宝）超200亿元，乘数效应超过50倍。

第二个改革试点是化州，属于第二梯队，化州的化橘红和罗非鱼，特色与优势鲜明、规模大、配套设施与行政专业服务较好，仍在提高之中。

第三个改革试点是郁南，其特色产业为黄皮和砂糖橘，但整体而言，仍处在起步阶段，特色产业的农户处于自然与历史发展的简单传承，发展阶段起步较低，有待奋力拼搏，属于第三梯队。

（二）

综合观之，本书有以下三项创新亮点。

本书的研究与撰稿是以地方农商行如何服务于未来中国二十年、三十年全面实现现代化乡村振兴和全民共同富裕这一伟业为立脚点。课题组成员不忘初心，服务地方县市以下农业、农村、农民，扎扎实实调研，将视角集中于乡村振兴这一基本点。如此，既高瞻远瞩，又脚踏实地，将地方政府、地方财政的全力引导支持，以及政府为各级行政部门提供适时、高质、全面的行政公共服务作为基础与前提条件是不可或缺、不可替代的，只能加强、不能削弱的。这一点尤以广东南海过去数十年的发展演变、翻天覆地的发展变化这一事例为典型案例。

以乡村全面振兴中的农业现代化、乡村城镇化、市场化以及乡村特色产业发展振兴为例，在新形势下，由一家一户、单打独斗的传统模式已然难以为继，必须改变。某一特色产品在从小作坊到大商超提升中的商标注册等各类费用超过千万元，这是任何一家农户或地方中小企业都做不到的。某一特色产品的大力发展、扩能、积聚是必不可免的。简言之，某一地方的某一产品各自为战、各搞一套既不可取，也不必要，且会自乱阵脚，高度重复浪费，产品销售、百姓消费也会眼花缭乱，莫衷一是。实践呼唤地方政府各部门提供全面、专业的公共性服务已不可或缺，政府服务以及职能部门转变也呼之欲出，时不我待。

南海农商银行多年来的特色服务形成的农业全产业链资金闭环运作模式，不失为服务与管理的一项创新，此为其创新亮点之一。

我在调查研究的过程中发现，我们如果转换一下研究观察视角与立脚点，将以地方农商银行为主体转换为以乡村振兴伟业本身为主体，将县市地方政府的政治引领、政策支持，地方财政的信贷担保或贴息、财力支持和各行政部门的配套性公共服务同地方农商银行的特色信贷服务视为一个主体、一个观察视角，我们就会立刻发现这就是中国农业发展银行的服务、结构、功能在地方延伸、发展的一种创新。

中国农业发展银行的建立是以国家财政出资为资本，以提供国家信用为特色，是服务于“三农”，或者实现以中国乡村振兴为引领、为天职、为己任的公共政策性农业金融机构。广东南海地方政府的引领与支持，财政部门的信贷担保或贴息，地方政府各部门提供公共性服务，地方农商银行提供特色信贷服务，这种协调合作对接服务难道不是有异曲同工之妙吗？这实际就是一种改变了表现形态的公共农业政策性金融！

以世界各国的公共政策性金融为例，一般都是以中央政府，以国家为主导主体建立，在省设立分支机构提供服务，地方政府不参与。除某些国土面积广大、人口众多，且是联邦制政体的少数国家外，一般没有省一级独立的公共政策性金融机构。

中国地域广阔、人口众多，各地经济与社会发展水平差异性巨大，我国是中国共产党领导的积聚全国之力，集中力量办大事的金融体系，所以没有建立地方独立的公共政策性金融机构。

南海农商银行这一非国有的地方农商银行本身，不是也不可能做到商业银行非商业化，转变为公共政策性金融。所以说南海的探索不失为国家农业政策性金融在地方的一种创新、延续、补充与发展，可借鉴、可推广。此为其创新亮点之二。

本项目成果的第三个贡献与创新就在于为地方政府与地方农商银行落实国家乡村振兴和实现全民振兴共同富裕伟业实践上提供了一种新的模式、一种可行的路径选择。

中国要实现全面现代化和共同富裕，在相当大的程度上，全面实现全国乡村振兴是核心之核心、关键之关键，地方政府，包括省市县级政府是责任主体与主导、核心与关键。这一使命是神圣而伟大的，但也是艰难与艰巨的。林毅夫等学者各自独立的研究表明，到2050年全面实现这一伟业任务，中国的GDP将是美国的2倍，只要平均年经济增长率保持4.7%以上即可实现，而人均GDP是美国的1/2（美国人均GDP为8万美元，中国人均GDP为4万美元）。前景广阔，前途光明，我等须前赴后继，殚精竭虑，拼力奋斗，方成正果。这是21世纪的新时代、新长征、新征程、新使命。冲出正阳门，奔向朝天门、德胜门、凯旋门。中华民族全面振兴，正可谓泱泱大国十四亿人口，文明古国煌煌伟业，前无古人，后无来者，俱往矣，数风流人物，还看今朝！此为其创新亮点之三。

（三）

本书的读者肯定会注意到，本书所倡导、研究与赞赏的领域，以及此序言作者关注的核心点都离不开中央或地方的公共政策性金融这一中心议题。借此机会，我想同读者朋友再次讨论这一重要问题。

我从20世纪80年代初期，在比较研究各国金融体制这一项目的同时，就开始了对本书政策性金融理论与实践问题的研究。我首次发现，继而倡导研究，并持久不断，追踪且研究不辍，至今已有四十余年。2023年，也将迎来中国政策性金融体系建立三十周年纪念，抚今追昔，十分必要且十分有益。

我在20世纪80年代开始持续10年研究“各国金融体制比较”这一课题，并在最终研究成果《各国政策性金融机构比较》的最后一章，“中国金融体制改革的理论与实践”专章中首次将政策性金融问题郑重提出，政策性金融客观存在，并将其提高到同商业性金融彼此对称平行并列的高度，进而将政策性金融与商业性金融二者在业务上分离、机构上分立列入推进与深化中国金融体制改革的八大战略选择之一。20世纪80年代末90年代初，我以各国政策性金融为题，向国家申请立项并最终获选。在1993年党的十三届四中全会召开前夕，《各国政策性金融机构比较》由中国金融出版社正式出版发行。1993年8月，以“充分借鉴各国成功经验，尽速构筑中国的政策性金融体系”为题，向中央有关部门提出这一相关建议。同年8—9月，国家教委在向中央有关领导汇报全国高校如何以科研成果为改革开放服务时，将我的项目研究及相应建议作为典型案例上呈。此后在1993年10月，中共中央全会通过的“关于建立社会主义市场经济体制若干问题的决定”中，关于金融改革的八项决定，其中之一便是前述“分离分立”的建议。同时，我的项目最终成果《各国政策性金融机构比较》一书的适时相应出版发行，最大限度地满足与适应了中央改革的决定与进程。

时至今日，三十多年过去了，我想趁我还健在，将有关重点问题记录强调如下：其一，“政策性金融”这一概念的提出及其背景与含义。在人类漫漫长路中的科学史表明，提出一个新的基本概念是最难得的，也是异常困难的。在此之前，各国金融术语与机构名称中并无“政策性金融”这一概念，是我首次提出的。因为是首提、首倡、首创，但又无所借鉴，必须以一个全新的概念与早已长期存在的“商业性金融”这一概念“相对称、相平行”。当时很困惑，曾经想用“国家金融”一词，但又易于与“国有金融”

相近相混，且一些国家的商业银行也是国有国立的，显然不可取。考虑到此类金融机构均以国拨资本确立，不以利润最大化为最高宗旨，专以贯彻执行国家的产业政策、社会政策、就业及外交政策或战略为最高宗旨，最终选择提出“政策性金融”这一新概念，但也不是很满意、很确切，不得已而命之、为之。又考虑到英文中的“policy”一词，首先是政治性，其次是政策性，也易于造成某种误会、误解，尤其是同政治或政策联系在一起，总觉得不确切，不很明晰。我期待假以时日，官方或民间逐渐理解、习惯认可了“公共政策性金融”这一概念，我以为这或许是最理想、最好、最可取的。

其二，作为“公共政策性金融”这一第二代理论模型，在强调它的公共性要素的同时，又对它基本的本质性特征进行了重新界定和大幅度更新，即相关理论的第一代特征表述为“金融性、政策性、可得性、选择性”；第二代特征表述为“公共性、金融性、国家信用性、特定限定性与选择性”。这其中将公共性定义为本质性特征；金融性针对财政性而言，更强调财政是单方面转移，属无偿拨付，而金融则是有偿借贷，须还本付息，也包含融资性、有偿性；国家信用性针对国有金融而言，国有金融机构是企业，不是国家机构，强调了在国家金融中，国有金融是企业，不享有国家信用，凸显它不是一般性企业，只是实行企业化运营管理，是政府机构。我总觉得有点儿怪怪的，但又找不到理想的、更恰当的选择，姑且为之。

伴随这一理论研究的深化、实践的发展，以及视野的开阔，21世纪初又将康德的“公共性”概念引入其中。如果倒退到三十年前，在“政策性”和“公共性”二者之间权衡，我宁可用“公共性金融”一词，而不再用“政策性金融”，但要改变它并不容易。考虑到“政策性金融”这一概念已使用三四十年，官方文件、法律法规、理论术语、读者习惯等因素，非正式地采用了一种折中的方式，近几年逐渐采用了“公共政策性金融”一词，既凸显“公共性”这一特征，又冲淡或缓解了“政策性的、政治性的”理解或误解。但公共性概念理论的正定理，也并不反对或排斥“政治性”，反而强调任何一项公共性项目要想获得成功而不失败，就必须与政府紧密配合。特定限定性与选择性，则强调这不是一般的商业性金融，不以利润最大化为目标，但也不是不讲收益、不可持续。信贷领域、项目性质、客户存贷业务的限定性、选择性，强调有所为和有所不为。一些国家相关机构强调优惠性，但在中国当时的环境下，只强调信贷短缺条件下的信贷可得性，将优惠性淡化，或许优惠或许可得，并非必然。

如今看来，此项提升或更新也未必是十全十美的，但与第一代理论模型相比要更好一些，可谓没有最好，只有更好。理论本身也在变化，它不应该是一成不变的。随着时代的变迁、实践的需要、认识的深化，必然会有修改与补充，或有所弃取。自己否定自己也是理性的，是一种升华，能保持理性的定力，能开放性地对待别人，尤其对待自我，也是一种欣慰或非庸俗的高尚。

（四）

习近平总书记在党的二十大报告中高瞻远瞩、高度概括地提出以中国式现代化全面推进中华民族伟大复兴。中国式现代化是中国共产党领导的社会主义现代化，是人口规模巨大的现代化，是全体人民共同富裕的现代化，是物质文明和精神文明相协调的现代化，是人与自然和谐共生的现代化，是走和平发展道路的现代化。

以中国式现代化全面推进中华民族伟大复兴，是划时代的伟业，是新征程、新长征，是全党全国、各行各业、全体人民的神圣历史使命。对本书的研究主题——乡村振兴和共同富裕而言，更是切中要害、责无旁贷。从这一视角出发，集中讨论中国的公共政策性金融在实现这一伟业和新征程中的任务，可以高度概括地说，未来的二三十年，中国公共政策性金融将进入发展的新阶段、黄金期，既肩负神圣历史使命、责无旁贷，同时在实现这一伟大使命的进程中，公共政策性金融自身也将得到巨大发展与历史性提升。

邓小平同志曾指出，社会主义有市场，资本主义有计划。他既指出两种市场经济的共性，也以“社会主义”“资本主义”这一定语，规范和限制了二者差异。中国共产党领导的社会主义市场经济是为人民的经济，是全民共同富裕的经济，是以公有制为主导主体引领的经济，是与非公有制经济，即我们称为“民营经济”共生共同发展的经济，西方资本主义国家所谓的私有制经济，其实是资本被少数人高度垄断，投资收益为一小撮人独享的经济。明确这一点，切不可淡化或模糊这一巨大差异，至关重要。

金融是现代市场经济的核心，必然是中国特色社会主义经济的核心，公有制或国有经济必然是中国经济金融的主导、主体与引领。国有或国家金融必然是中国金融的主导、主体和引领，而地方金融或者地方农商金融是全力服务于乡村振兴和全民共同富裕中占全民一大半的农民和地方乡镇县市职工的金融。可以说，乡村不振兴、农民不富裕，则中国振兴、共同富裕断无可能；农业不现代、农民不富、农村不稳，则中国现代化难以实现，全面难富，中国难稳。

公共政策性金融是国家金融、国有金融不可或缺的重要构成部分，是以贯彻执行国家产业战略与政策、社会发展战略与政策为己任，而不以利润最大化为最高宗旨的金融，在乡村振兴和全民共同富裕伟业中更是生力军、突击军。世界各国皆如此，毫无二致。

以日本的公共政策性金融为例，在日本战败投降、百废待举的战后半个多世纪中，日本建立了以“三行九库”（库即基金）为架构的政策性金融体系，号称日本的“第二财政”。它以日本邮政储蓄银行的储蓄为资金来源，形成日本的国家金融（日本的商业性金融，都是民间的、私人的）。“三行九库”的信贷量占日本全国信贷量的三分之一，异军突起，作用巨大，不可或缺，不可替代，可以借鉴。中国公共政策性金融的信贷量仅为全国信贷总量的10%，发展远不充分，发展空间巨大。因此，我称未来二三十年是中国公共政策性金融发展的新阶段、黄金期，也不是主观臆断、空穴来风，是言之有据，实打实着的。

人们也愿意看到，进入第二个百年征程的最后二三十年中，中国的公共政策性金融发展加速，资本与资金实力在不断增强，举措频频。可期可待、可圈可点；然任重道远，期盼奋发而更有大举措，作出更大贡献，同时自身也得到更大发展、更大提升！此为期盼。

前面说到，南海农商银行的探索研究、试点试验为弥补中国地域广阔、人口众多、自然环境与发展水平不均衡提供了某种可供选择的思路或模式。未来，比较理想的办法是研究改善环境与条件，逐步有条不紊地建立地方出资的国有地方性公共政策性银行。承认差别，发展有先有后，不“一刀切”，鼓励提倡，不禁止、不反对。另一种可供选择的、比较易行、富有各自特色的模式，便是地方政府财政出资担保贴息，政府各部门提供公共性服务，地方农商行提供信贷，共同协调合作，共同促进乡村振兴的，我称其为国家公共政策性金融的延伸、补充、发展的地方性准公共政策性金融。

（五）

这部分我们集中讨论公共政策性金融的神圣历史使命。地方政府主导的地方财政与地方性农商银行紧密合作，在乡村振兴伟业中可以发挥重要的作用。这种机制与模式的实质是地方公共政策性金融的一种创新，是国家公共政策性金融的某种延伸和有力甚至是强力补充，应予以肯定与鼓励，也值得在有条件的地方推广，群策群力，共谋乡村振兴发展。优化合作，共谋大业。南海农商银行和郁南农商银行、化州农商银行与当地政府合作，通过财政专项基金来撬动信贷资本，其对投资乘数效应可达十倍甚至数十倍。

党的二十大胜利闭幕，中华民族伟大复兴事业进入一个历史性转折节点，即中华民族复兴，最终实现和国家全面实现现代化伟业，实现乡村高水平振兴和全民族实现世界中等发达国家富裕水平，进入深度彰显中国式现代化和马克思主义中国化、现代化，最终实现中国人民较高水平地站起来、富起来、强起来，胜利实现国家经济金融强国战略，教育、科技、人才强国战略，强有力、有效地实现维护国家安全，稳定幸福安康的新时代。

处在这样一个深具深刻丰富内涵而又充满百年不遇之巨大挑战的历史性转折节点上，回顾历史，展望未来，满怀信心而又充满期待。我们从未来二十八年新征程中的一个特定视角、特定领域展开，讨论落实中国金融，尤其是公共政策性金融应承担的神圣历史使命，在完成这一神圣使命过程中，实践者、服务者自身也将得到巨大发展和历史性提升。

展望未来二三十年，前程似锦，迈入新时代、新征程、新探索、新使命的历史性决胜期。

第二个百年，全面实现中国式现代化，实现乡村振兴、全民共同富裕，中华民族傲然挺立在世界民族之林，实现高水平复兴。我们仅以本书乡村振兴为视角，高度概括地讨论全面振兴这一伟业中的乡村振兴与共同富裕。试想中国的乡村振兴涵盖农业、农村、农民，八亿民众，以全国两千多个县为核心展开，以县域核心县城这一大中城市之尾，众乡镇之头为轴，全面建设现代化，全面形成新中国现代化的坚固基础，县域县城几十万人口的新增长点，城镇基础设施全面配套，庞大的中小企业群，经济与社会、工业、新农业、科技、文化、教育、科研高水平发展。这一过程伴随农业的现代化集中与积聚，带来漂移于大中城市几十年的几亿个“农民工”中相当部分的人口流动方向逆转，回乡就近就地创业、就业，他们会带着大中城市的新思想、新观念、新视野、新技能、新文化，优化与强化提升中国的广大农村。

在今后二三十年中，伴随这一历史性进程的推进，将会逐步实现中国经济与社会发展中的工业与农业、城市与乡村、物质文明与精神文明的协调发展，收入二级分化状况会逐步缩小，实现纵向发展的协调均衡，与此同时，也会逐步实现全国不同区域由于历史、自然、环境、后期发展中的马太效应的弱化，促进全国东西南北中横向发展中的两极分化的弱化与缩小，实现全国发展的可持续协调均衡发展，从而切实实现全民振兴与共同富裕这一历史伟业、神圣使命。

今以相对狭义的乡村振兴中的全国两千多个县域的振兴来看，七八亿人口的强大消费与就业需求，他们的吃穿用、住与行、医疗与健康、公共卫生与防疫、文化与教育、环境与生态、基础设施建设、商务与服务，生产性服务的扩大、改造、再造与优化所带来的新就业、新消费，形成以万马奔腾、浩浩荡荡的世界第一大消费市场为背景、为依托。由此可知，此言不虚不假不空，言之凿凿，实实在在，可期待、可向往、可实现！着实令人神往。

（六）

在即将要结束本序言的时候，我想强调处在改革开放前沿的广东，在思想的开放、良好的氛围与发生的经济金融社会环境下，地方金融有了长足的发展，因此，才会有地方政府的政治引领、财政的支持以及政府各相关当局配套的公共性服务，才会有同金融界的有效合作。不忘初心，乡村振兴有声有色，有所作为，有所实践，有所探索与创造，令人欣慰与鼓舞。

本书的出版，缘于南海农商银行领导的高瞻远瞩与真抓实干的家国情怀，也有本项目课题组全体成员的辛勤劳动和富于探索研究与实践的无私奉献，令人感慨。

我以为，本项目的立项与研究富于时代感，颇有敢为天下先的情怀与脚踏实地的实干精神，立项遵循问题导向，相对超前，成果富于开拓创新，方向正确，成果丰硕，有启迪、可借鉴，期盼产生良好的社会影响，为乡村振兴作出更大的贡献。

本书的研究探索和最终成果，高等院校师生和理论工作者、国家各级党政机关、金融界管理层与员工，以及金融监管部门，可以借鉴参考。

期待金融服务乡村振兴这一事业，中国式现代化全面实现、发扬光大，将会大大促进共同富裕与民族复兴的最终实现。

本项目有待继续深化与提升，美中不足的是思想性与理论性有待进一步提高，若行文语言更为流畅，感染力会更强。当然，这对于地方基层从事具体实际服务工作的同志们来讲可能是苛求了、难为了，然而，瑕不掩瑜，尽管它并不完美，但它是一块璞玉，难能而可贵。它来自基层而不是上层，它不是天，而是地。我以为，全体国人应牢记“农业是人类生存延续发展的基础，是国民经济的基础”，是全国依托于它的几十个大产业发展与优化的基础，是经济与社会的基层、下层，它有时看起来粗犷、粗放、粗俗，但它是国家发展、富裕、稳定、安全的基础，因而是基础的基础。

积八十多年之经验，方知凡一切必做而又不可避免之事，不要犹豫，莫要徘徊，一跺脚动起来，须知早动早主动，晚动晚主动，不动更被动，迟早总得动！愿与诸君分享、共享，愿万事乃成。

教授、博士生导师
辽宁大学国际金融研究所所长
“中国金融学科终身成就奖”获得者
八十五岁翁　白钦先
2023 年 2 月 8 日

前　言

党中央历来十分重视“三农”工作。“无工不兴，无农不稳”，农业历来被视为国家和社会稳定的基础。进入新世纪，国家已发布18个指导“三农”工作的中央一号文件。随着全面脱贫目标的实现，中央为了巩固脱贫成果，实现全社会共同富裕的目标，花大力气解决共同富裕的短板，即提高农村收入，整治农村人居环境，缩小城乡差距，大力推进乡村振兴战略。

乡村振兴战略的关键是产业振兴，其基础是农业发展。多年来，金融监管部门落实中央精神，要求金融机构，尤其是农村金融机构大力支持“三农”发展。总体上，各金融机构落实监管要求，涉农贷款保持稳定增长，有力地促进了“三农”的发展，农业生产总值、粮食总量连续增长，粮食安全得到了有力保障，农民收入逐年提高。

在这样大好的形势下，我们注意到，中央及金融监管部门仍然在不断要求金融机构加大对“三农”的信贷投入，设定了很多考核监管指标，这说明“三农”工作仍然未达到中央的预期和要求，仍然发展不充分，仍然需要得到金融的持续支持。与此同时，我们也注意到，在很多县域农商银行，一直反映贷款投放难，农村金融需求少且风险很高，在财务上体现出的则是存贷比偏低，很多机构只有40%左右，并且很多贷款并非涉农贷款，而是房地产等垒大户贷款。一些存贷比高的机构，却又往往成了高风险机构，不良贷款率一度比存贷比还高。当然，仔细研究发现，农商行变成高风险机构的原因并非涉农贷款多，而是绝大部分贷款均非涉农贷款，而且流向本县域以外，比如粤东曾有两家农商银行，其贷款基本上不在本地。

一方面，“三农”发展不充分，乡村振兴国家战略需要金融支持；另一方面，县域农商银行贷款难，尤其涉农贷款难，发展举步维艰。这就形成一个非常突出的矛盾，原因到底在哪？是贷款需求少？还是真的风险高？还是县域农商银行恐贷慎贷造成？真实状况如何？问题主要出在哪里？是否有破解矛盾的方法？我们觉得，这是非常值得研究的课题。

近年来，为了贯彻落实党的十九大关于化解重大风险的任务要求，以及一系列关于农村合作金融机构改革发展的政策要求，广东省政府推动广东省农村信用社全面改制农商行和高风险农合机构风险化解工作，实行珠三角地区优质农商行定向帮扶粤东西北落后地区农商行工作，方法是“注资、注制、注智”并举，先进帮后进，希望一举改变全省农合机构发展不均衡局面，化解重大金融风险。

在这一过程中，南海农商银行作为优质农商行，一共注资帮扶了省内十家农村信用社，并协助其全部改制为农商银行，各项监管指标显著改善，监管评级提升，甩掉了历史包袱，加强了公司治理能力建设，改善了发展基础，提升了金融服务能力，初步实现了改制目标。

但改制只是手段，显然不是最终目的。广东省政府、金融监管部门以及省联社希望农合机构通过改制化险后，能够建立起可持续发展的长效机制，切实担起支持社会经济发展重任，为乡村振兴作出应有的贡献。

结合这一改制化险目标及“注资、注制、注智”要求，南海农商银行决定重点选取三家参股比例较高的被帮扶机构，即茂名、化州、郁南农商银行，研究提出并实施针对性强的帮扶措施，使之尽早走上高质量发展之路。帮扶工作预定实现两个主要目标：一是增强县域农商银行服务地方社会和经济发展的能力，其衡量标准是在符合国家、地方发展规划和产业政策前提下增强本地贷款供给的能力，提高存贷比。二是增强农村金融机构自身持续发展能力，其衡量标准是在真实反映资产质量和充分计提拨备的前提下提高盈利能力。

如何才能实现这两个目标？从 2017 年开始，南海农商银行陆续派出优秀经营管理干部，经省联社提名任职该三家农商银行，分别担任高级管理人员和一些主要部门负责人，累计派出干部达 15 名。同时协助其制定新的发展战略，改革管理架构，重构管理流程和制度，培训管理和业务人员。从实践看已取得初步成效，其表现包括员工精神面貌向好变化、资金运用效益提高、财务指标改善、监管评级提升，以及当地政府部门的肯定与认可。

但这显然仍不够，金融支持地方发展的能力提升还很缓慢，恐贷慎贷不会贷的问题仍然突出。作为县域金融机构主力军的县域农商行，支持县域经济、“三农”经济发展的作用与其在县域所能配置的金融资源和相应地位不相匹配。

为了透彻研究金融支持县域乡村产业振兴所面临的困难、问题及解决方法，我们决定选取南海农商银行帮扶的三个县进行研究，分别是云浮市郁南县、茂名市电白区和化州市。这三个县有一个共同点，就是经济结构以第一产业为主，同时也各有特色，都有一些具有相当规模的名优特色农业产业，如郁南的无核黄皮、砂糖橘、南药，电白的沉香木、博贺渔业，化州的化橘红、罗非鱼养殖加工等。

本次调研不求面面俱到，主要聚焦于金融支持第一产业问题，这是县域农商行经营定位的基本要求，也是欠发达地区县域经济的主体。

本次调研从2021年9月初开始，第一站是郁南县，然后是化州市和茂名市电白区。经过第一轮的调查研究，形成了一套对县域农商行发挥金融支持产业振兴的调查研究方法、工具。就方法论而言，我们认为，要做好金融支持产业振兴工作，首先要对一个县域的总体产业布局及其发展现状、发展前景、发展生态、发展逻辑做全面深入的调查了解，在此基础上，对每个产业的主要市场主体的发展历史、现状、前景作分析，在宏观和微观层面都应了然于胸。其次是调查研究必须深入田间地头，找政府主管部门、行业协会、市场主体（企业、农户），到生产现场多方调查论证产业发展状况及市场主体的发展状况，了解制约金融支持产业发展的“瓶颈”，研究解决办法，提出融资解决方案，增加资金投入以促进相关产业、市场主体的发展。在论证方法方面，注重把握问题的本质，充分进行逻辑分析，力求做到情况掌握准确、问题分析到位、解决方案合理。就分析工具而言，一方面制订了有关调查方案，另一方面设计了若干表格，用于调查统计产业规模、投入产出情况、投融资来源及成本，以及真实和潜在的信贷需求等。

本次调研，调查只是手段，研究真正促进金融支持乡村产业振兴，增加信贷投入，从而提升农民收入水平，最终实现共同富裕才是根本目的。因此，我们边调查边提出产业融资解决方案。在化州杨梅镇，我们了解到罗非鱼养殖是当地主要农业产业，化州市全市罗非鱼养殖面积约12万亩，年产值约28亿元（含深加工），其中杨梅镇养殖面积共2.6万亩，占全市养殖面积超过20%。据不完全统计，目前当地农村金融机构贷款支持相关产业共1.5亿元，占整个产业投入成本的25%，其中养殖环节约0.5亿元、深加工约1亿元，银行信贷渗透率仅为5.4%。在金融支持力度明显不足的情况下，养殖户只能转向民间借贷或者通过饲料赊销的方式解决资金投入不足部分。民间借贷和饲料赊销的资金成本分别达到月息的5%和年息的20%的惊人水平。即使在这种情况下，罗非鱼养殖业在化州乃至茂名茂南区，仍然得到蓬勃发展。这就形成了一个奇怪现象，一方面银行似乎不看好这个产业，不愿或不会贷款给这个产业；另一方面这个产业即使借高利贷也能生存发展，问题症结在哪里？如何解决？

我们调查发现，密集养殖模式下罗非鱼养殖成本每亩约7.5万元[①]，活鱼收购价约每斤4元，每亩平均产量约24000斤，即每亩产值可达9.6万元，每亩养殖毛利率约100%，这是其能承受高息民间资金并得到发展的原因。而银行贷款渗透率低，原因主要为：一是银行工作不深入，对该产业的发展状况了解不够，没有信心和决心投入信贷资金。二是思想僵化，过于依赖抵押担保类产品，而农业产业缺乏适合的抵押担保品。三是工作不细致，风险管理

① 7.5万元的成本中，自有资金为2.5万元，饲料赊销资金为2.5万元，民间借贷为2.5万元。

不到位，无法掌握资金流向，在资金投放时无法确保用于生产性投入，在养殖户出售产品时，无法确保资金及时回笼用于还贷，或者在固定期限贷款未到期时，不会或不愿及时收贷，偏重收益，忽视风险。

所以，我们认为，罗非鱼养殖业规模大、毛利率高、市场广阔，既有真实的资金需求，也应该有办法解决制约信贷投放的问题。解决思路是用资金闭环管理代替抵押担保，方法是将信贷投入的资金采取受托支付的方式，确保用于购买鱼苗饲料，销售回笼的资金约定以银行结算方式收款，资金回笼即收贷，无须等到贷款到期，随借随还，确保资金不被挪用，实现安全收回。

上述解决思路得到参与调查的乡镇政府官员、养殖农户和农商行信贷人员的肯定和欢迎，认为资金封闭运行的创新之举解决了银行风险控制的顾虑，为信贷资金投放后如何确保收回打开了新的思维空间，解除了过去严重依赖抵押担保的思想枷锁，看到了信贷投放的广阔前景。对于农户而言，得到了低成本的资金支持，首先是降低了经营成本，免除了高利率的负面影响，经营风险也大大降低；其次是增强了加大投入、扩大生产的信心和动力，有的农户就表示，将从原来的一年生产一季增加到一年生产两季，经营效率将显著提高。

从本次县域乡村产业振兴调查情况来看，这一理念仍然没有过时，且在不同的地方表现出同样的生命力。本次调查所使用的调查方法和解决问题所遵循的逻辑思维，除了已经解决罗非鱼养殖信贷需求外，在解决化橘红、沉香木、砂糖橘、渔船等信贷需求方面广泛适用。当然，对于不同地区、不同产业，也应遵循因地制宜、实事求是的原则，制订不同的信贷方案，这些将在正文中详述。

全文共四个篇章，一是化州篇，二是郁南篇，三是南海篇，四是方法论篇。文章既有一定的理论研究价值，又有实践操作的指导意义，既适合从事农业金融生产研究的专家学者研读，又适宜从事一线金融从业人员参考。本书的分析逻辑和研究调查结论在实践中未必一一适用，却是一次有益的尝试，使读者得到启发，起到抛砖引玉的作用。

总之，乡村振兴是国家发展的重大战略，农商银行的长期健康可持续发展及其所承担的促进县域社会经济发展的重任是政府及金融管理部门所长期关注的，农商行的从业人员只有强化党性认识，增强为人民服务的使命感和责任感，走到田间地头、工厂车间，了解社会、产业、企业、群众的生存状况及需求，才能正确践行初心使命，在服务乡村振兴和实现自身高质量可持续发展方面走上康庄大道。

本书编委会
2022 年 12 月

目　　录

引　言

一、本书写作背景

随着全面脱贫目标的实现，中央为了巩固脱贫成果，实现全社会共同富裕的目标，大力推进乡村振兴战略。乡村振兴战略的关键是产业振兴，其基础是农业发展。南海农商银行于 2021 年 9 月启动了乡村振兴研究项目，聚焦金融支持第一产业问题，着力解决"'三农'发展不充分，乡村振兴国家战略亟待金融支持"与"县域农商银行对第一产业的贷款投放难、风险高、存贷比低"之间的矛盾，破解农村金融机构支持乡村产业振兴的"瓶颈"和梗阻，促进金融支持乡村产业振兴，增强县域农商银行服务地方经济社会发展的能力，提高农村金融机构自身持续发展能力，实现乡村振兴的战略目标，最终实现共同富裕。

二、本书内容与结构安排

本书共四个篇章，分别是化州篇、郁南篇、南海篇和方法论篇。化州篇和郁南篇主要论述了经济发展和农业农村情况，乡村振兴的现状、问题和机遇，主要农业产业金融需求分析，乡村产业振兴金融产品方案、工作实践、政策建议等方面的内容。方法论篇主要讲述了金融支持乡村振兴模式研究的整体思路、研究的产业调查、方案设计、执行与评估等内容。化州篇、郁南篇和南海篇是县域金融服务乡村产业振兴的典型代表，是具象化的鲜活个案；而方法论篇则是以化州篇和郁南篇为基础性例证，对县域金融支持乡村产业振兴实施路径的抽象化总结，具有一定的可操作性、应用性和普适性意义。全书是具象化案例和抽象化总结的辩证统一，既有一定的理论研究价值，又有实践操作的指导意义，既适合从事农业金融生产研究的专家学者研读，又适合从事一线金融从业人员参考。文中的分析逻辑和产品创新在实践中未必一一适用，却是一次有益的尝试，使读者得到启发，起到抛砖引玉的作用。

三、调研思路与调研方法

（一）调研思路

本书通过文献研究与田野调查、问卷调查、实地访谈相结合以及定性研究与定量研究、典型研究与一般研究相结合的方式，借助科学调研方案和分析工具，采用“宏观—中观—微观”逐步深入的分析方法进行充分逻辑分析。在宏观层面，对县域总体产业布局及其发展的现状、前景、生态和逻辑等作全面调查；在中观层面，对每个主要农业产业的发展定位、历史、现状和前景进行分析；在微观层面，对主要产业中的主要市场主体逐一作规模、成本、盈亏和融资结构的比较。总体上，本书力求做到准确掌握真实情况、问题分析深刻到位、解决方案可行有效。

（二）调研路线

本书的调研主要分三个阶段，第一阶段为产业调查分析，了解区域的总体产业布局和主要产业主体的发展情况、发展生态、发展逻辑；第二阶段为金融解决方案设计，测算产业金融需求，找出制约金融支持产业发展的“瓶颈”，基于农业产业发展的痛点，创新金融产品；第三阶段为执行评估，开展可行性研究和落地，并研究制定配套政策和建议。

（三）调研对象

本书的调研重点选取了南海农商银行帮扶的三家银行机构所在的云浮市郁南县、茂名市化州市和电白区，研究分析无核黄皮、砂糖橘、罗非鱼、化橘红、肉桂、沉香、渔船、桑蚕丝绸、水稻、林木等十多个主要农业产业，涉及的市场主体包括种养植农户、村委会、收购商、农业专业合作社、农业龙头企业和水果协会等农业产业市场主体；实地访谈各产业链上的农村金融机构、农村农业局（乡村振兴局）、供销合作联社、土地托管中心、金融管理部门和党委、政府等不同市场主体和公共服务部门（见表1）。

表1　　调研对象

地区	主要产业	调研相关主体	受访人次
化州	罗非鱼	东方环球水产食品公司	5人
	化橘红	化州化橘红药材发展公司、化州市南国橘红制药公司、化州市化橘红种植大户	10人
	蚕丝	化州市那务镇鹏程茧丝公司	3人
	土地托管	化州市农业生产托管中心	5人
	其他	化州市农业农村局、杨梅镇党委领导（杨梅空港基地）、化州市新安镇党委领导	10人
电白	沉香	电白区观珠镇沙垌沉香城、沙垌村党委	15人
	博贺渔港	新港渔委会书记、海雁渔委会书记	6人
郁南	无核黄皮	建城镇黄皮种植大户、郁南县亲群食品科技公司、广东康美先食品公司	7人
	砂糖橘	郁南县赐步村砂糖橘种植大户	2人
	肉桂	郁南县盈创农产品初加工服务公司、郁南县信业农产品公司	4人
	林木	郁南县金田木业公司	2人
	其他	郁南县农业农村局、郁南县供销社、郁南县水果协会会长、郁南县兴泰隆养殖专业合作社、郁南县亿丰农业科技公司、广东叶氏国际贸易公司	12人
南海	预制菜	广东何氏水产公司	2人

（四）调研工具和分析方法

通过主要农业产业经济金融情况、主要农产品单位面积收支情况、农产品成本收入情况、农产品收益投向情况四大类表格分析工具，摸清地方主要农业产业的发展现状和主要经济情况，如产值、种植（养殖）面积、地域分布、借贷金额来源和数量以及比例、收支数额等，从宏观和微观、农业产业和商事主体等角度对乡村产业振兴进行分析以及数据的交叉验证，力求做到全面、客观、真实、有效，为金融支持乡村产业振兴工作摸清当地实际情况，为后续金融产品设计和金融服务机制与方案制订工作指明方向。

四、本书的创新之处和实践价值

（一）创新之处

我们认为“真正的信贷，没有不可能”，其前提是金融深度洞察农业，关键在于金融产品要素与农业生产要素真正适配，核心是基于农业全产业链的资金闭环运作管理。为保障农业主体能获得融资和农村金融机构敢投放贷款，我们探索提出基于农业生态产业链的资金闭环运作模式，即以农业全产业链的客户群体为基础，以农业生态产业链内各主体的资金流水闭环运作为核心，以大数据分析技术赋能产品研发、营销服务、风险防控为保障，通过实现金融产品要素与农业生产要素高度融合，最终促进金融支持农业产业持续发展的一套全流程管理模式，以下简称“全链资金闭环运作模式”。

全链资金闭环运作模式的内涵具有两层含义：一是全产业链中的单个客户的资金流水要在农商银行体系内实现闭环运行管理，其关键是贷款受托支付和销售回款同步归还贷款。二是全产业链的种植（养殖）、流通、加工、生产、销售等各环节的客户资金流水均需在农商银行体系内发生。前者为保障单一客户的贷款风险可控提供可能，后者为分析农业全产业链场景的风险提供了数据基础，特别是在全产业链场景下通过对单一客户与整链客群资金流水的比较分析，实现上中下游客户的交叉验证，从而测量和识别客户风险，使银行流水替代强担保的硬约束。

该模式尝试解决银行风险控制的顾虑，解除过往严重依赖抵押担保的思想枷锁。一是以全链客群为基础实现由单户向生态链客群扩展，为资金闭环运作奠定坚实的客群基础。二是以大数据技术为支撑全流程赋能全链金融服务。在营销端，通过大数据分析和二维码获客，突破乡村客群的时空限制，实现精准获客；在审批端，基于全链客户信息构建风险模型，评估借款人的信用分数、贷款额度以及还款能力，实现降成本和防风险双赢；在贷后端，通过线上数据分析和线下管控，确保销售回款同步归还贷款，实现贷款资金封闭运作。

（二）实践价值

1. 推出全链资金闭环运作模式的金融产品

围绕“农业主体融资难”与“银行贷款投放难”，基于县域特色产业链特征、测算产业链各环节金融需求，剖析主要农业产业在饲料/化肥生产、养殖/种植、流通、初/精深加工以及公共部门的市场基础设施建设等环节的资金流动性特征，匹配设计金融产品的授信金额、利率、期限和还款方式，形成基于全链资金闭环运作模式的产品方案，以契合不同产业链主体经营需要，制定适合化州市和郁南县相关产业五个环节的系列金融产品。

2. 实现全链资金闭环运作模式金融产品的投放效益

第一，全链资金闭环运作模式下的信贷产品投放空间广阔。经过对具有一定资源禀赋、经营规模和产业集聚效应的乡村产业假设和测算，化州罗非鱼和化橘红、郁南无核黄皮和砂糖橘可投放的信贷规模分别约为4.95亿元、3.29亿元，可对赊销和高利贷融资形成较强的替代效应。第二，全链资金闭环运作模式下“三农”产业的沉重利息负担将得到缓解。以化州罗非鱼产业为例，经假设和测算，农商银行信贷可按30%、50%和80%逐步替代赊销和高利贷融资，总利息支出将相应减少3000万元至8000万元，农业产业融资成本预计可大幅降低，“三农”经济的融资难、融资贵问题可得到一定程度的缓解。

我们认为，县域金融机构在乡村产业振兴中大有可为，县域农村金融机构可以服务乡村产业振兴为抓手，创新适销对路的金融产品，提高对当地主要农业产业的信贷支持水平，进而提高机构自身的存贷比和盈利能力，扩大金融支持乡村产业振兴的社会效应，使自身可持续发展能力、服务地方经济和社会发展的能力获得双提升。

由于笔者水平有限，研究对象以及数据资料存在一定局限性，本书的研究成果以及实际编撰过程中可能存在许多不当的地方，希望各位读者在阅读过程中提出宝贵意见。

一、化州篇

一、化州市经济发展和农业农村情况

（一）经济基本情况

1. 经济总量和结构①

化州市经济持续发展。“十三五”期间，化州市地区生产总值由2016年的436.51亿元增至2020年的560.18亿元，年均增长6.43%；2020年地区生产总值同比增长1.6%，2021年上半年地区生产总值为277.13亿元，同比增长11.8%，两年平均增长4.0%。化州市2016—2020年地区生产总值及增长速度如图1－1所示。

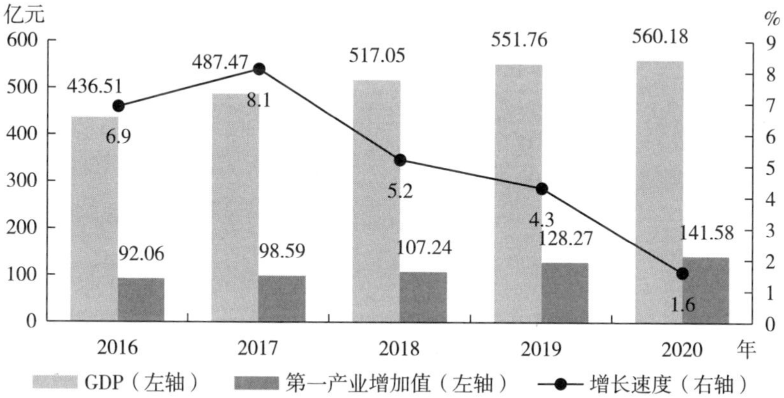

图1－1　化州市2016—2020年地区生产总值及其增长速度

第一产业地位稳中有升。“十三五”期间，化州市第一产业增加值由2016年的92.06亿元增至2020年的141.58亿元，年均增长11.36%；2020年第一产业增加值同比增长4.9%，2021年上半年第一产业增加值55.3亿元，同比增长9.4%。“十三五”期间，化州市

① 本部分内容所涉及数据均来自化州市政府官网，http：//www.huazhou.gov.cn/。

第一产业占比持续上升，由 21.1% 上升至 25.3%。化州市 2016—2020 年第一产业增加值和三次产业的比例变化情况如图 1－1 和图 1－2所示。

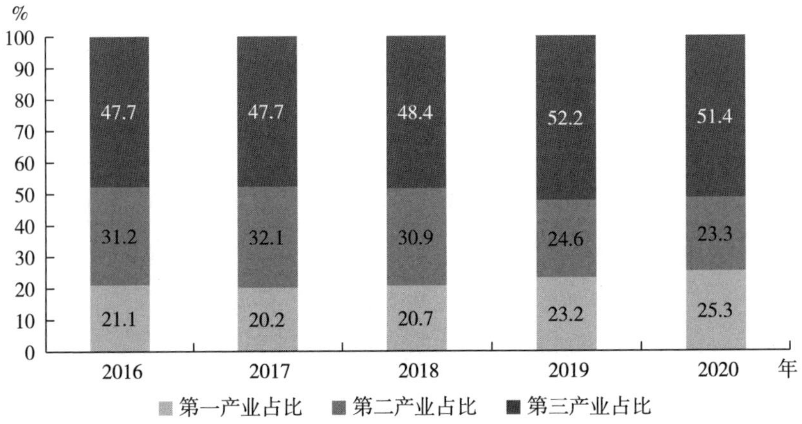

图 1－2　化州市 2016—2020 年三次产业比例

第一产业投入相对乏力。目前，化州市已确立起农副产品加工业、医药制药与健康产业、金属制品业、矿产资源加工业四大主导产业。2019 年，第一产业固定资产投资总额为 3.5 亿元，占比为 3.02%，同比下降 39.6%。相应地，2020 年农副产品加工业增加值同比下降 10.7%，第一产业项目完成投资增长的 18.9%，占全市项目投资的比重为 4.1%。

2. 人口情况及分布

化州市常住人口增长较快，人口结构较为合理。根据第七次人口普查结果①，化州市常住人口为 1291668 人，与 2010 年第六次全国人口普查数据相比，十年共增加 112795 人，增长 9.57%，年均增长 0.92%。其中，居住在乡村的常住人口为 818922 人，占比为 63.40%。常住人口中，0～14 岁人口为 385377 人，占比为 29.83%；15～59 岁人口为

① 截止日期为 2020 年 10 月 31 日。

689592 人，占比为 53.39%；60 岁以上人口为 216699 人，占比为 16.78%（见图 1－3）。

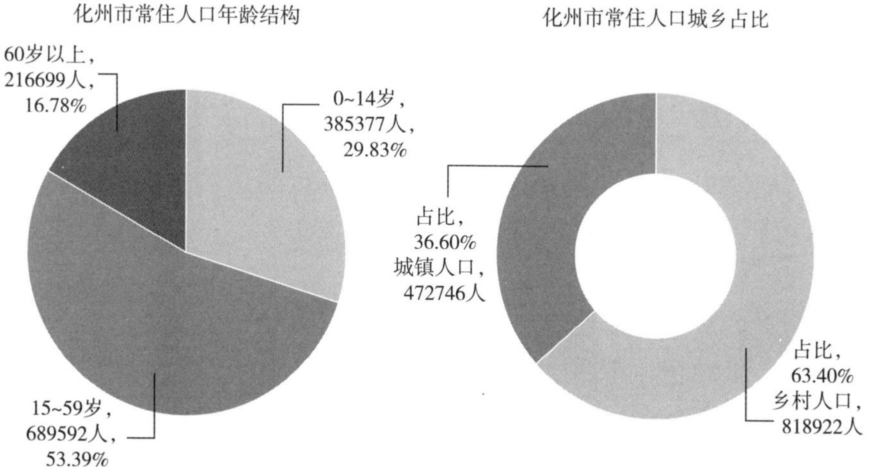

图 1－3 化州市第七次人口普查相关数据

化州市下辖 23 个乡镇和街道、11 个农场，其中，社区 33 个，村民委员会 334 个，行政村 4079 个。具体人口分布情况如表 1－1 所示。

表 1－1 化州市各镇人口分布情况

人口数量（人）	乡镇/街道
10 万以上	河西街道
5 万 ~10 万	中垌镇、文楼镇、平定镇、那务镇、合江镇、林尘镇、良光镇、杨梅镇、同庆镇、鉴江街道、下郭街道、东山街道
2 万 ~5 万	南盛街道、石湾街道、长岐镇、笪桥镇、丽岗镇、新安镇、官桥镇、播扬镇、江湖镇
2 万以下	宝圩镇

3. 银行业经营情况

金融规模不断发展，存贷比超 50%。截至 2020 年末，化州市银行业金融机构共有 8 家，银行业金融机构本外币各项存款余额为 443.19 亿元，同比增长 7.3%，本外币贷款余额为 231.01 亿元，同比增长

26.89%，银行业机构平均存贷比为52.12%。全市银行业机构网点106个，网点数量与上年持平。

化州农商银行涉农贷款占比较高，存贷比有待提高。截至2020年末，化州农商银行资产为202.78亿元，存款为173.1亿元，贷款为72.76亿元，其中涉农贷款占比为73.35%，存贷比为42.03%。

（二）农业农村基本情况[①]

1. 地理区位和自然条件

化州市位于广东省西南部，全市总面积为2356.52平方公里，南北最长处81.75公里，东西宽44公里，地形狭长，状若坐狮。化州市地貌类型以丘陵地为主，主要分布在市内西北区域，占全市面积约75%，市内西南区域为台地，占全市面积约15%，市内东南区域为平原，占全市面积约10%。化州市属南亚热带气候，年平均气温约23℃，年平均日照1870.1小时，日照百分率为42%，年降雨量为1890毫米，冬季偶有严寒。自然气候非常适合农作物的生长。

“十三五”期间，全市建成“四好农村路”900公里，危桥改造38座，累计完成固定资产投资约5亿元。截至2020年末，化州市农村公路里程达16500公里，农村公路品质加快提升。

2. 农业主体与农业品牌情况

化州市场经济活力相比五年前大幅提升。化州市已成为全国最大罗非鱼养殖基地、广东省最大粮油种植基地之一，培育名富果业、耀明糖业等多家农业龙头企业。截至2020年末，化州市共有商事主体约63900家，其中占比最大的行业为零售业，超过50%，其次分别为餐饮业、居民服务业。以五年为一个统计时期，2015—2020年化州市当年成立的商事主体的存续数量超过2010—2015年的2倍，具体情况如

① 本部分内容所涉及数据来自《化州年鉴2019》以及南海农商银行和化州农商银行调研工作组人员的实地调研。

图1－4所示，这说明化州市市场经济活力相比5年前进一步增强。据不完全统计，截至2020年末，化州市农牧渔林业相关商事主体约10000家，占全市商事主体比例约为15%，其中罗非鱼行业商事主体近5000家，化橘红行业商事主体近1000家，市级以上重点农业龙头企业19家，社会化服务经营主体507个；另有农民专业合作社约1200家，家庭农场约5800家。

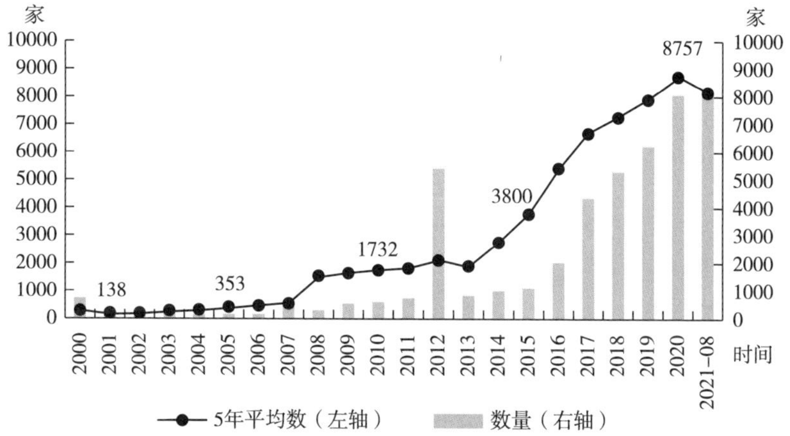

图1－4　2000—2021年化州市商事主体存续情况

全市以化橘红、特色水果、淡水养殖罗非鱼等产业为主线，致力打造农业品牌。目前，化州已建立政府推动、企业为主、部门协作、社会参与的品牌培育工作格局，以加强农产品宣传营销为手段，以提高产品的知名度和美誉度为目的，大力发展无公害农产品、绿色食品、有机食品，扶持龙头企业、农民专业合作社，争创驰名商标、知名品牌和农产品地理标志产品。

化州是化橘红全国唯一原产地，有着“中国化橘红之乡”的美誉。化橘红是国家地理标志保护产品、广东省名牌产品、广东省名特优新农产品区域公用品牌、广东十大南药之首。化州市益利牌化橘红被评为“全国百家合作社百个农产品品牌”。化州市赖李园橘红有限公司的化橘红、化州市谷林蔬菜种植专业合作社的黄秋葵初被评为广东省名牌产品，化州化橘红药材发展有限公司的化橘红被评为广东省名牌产品。

3. 特色优势农业情况

2020 年，化州市实现农牧渔林总产值 224.26 亿元，同比增长 4.9%，比 2016 年实际增长 54.47%，“十三五”期间年均增长 11.48%。2021 年上半年实现农牧渔林总产值 100.99 亿元，同比增长 12.2%，两年平均增长 7.8%。目前，化州市大力发展以罗非鱼、橘红、粮油、水果、甘蔗、蚕茧加工、优质蔬菜生产为主的特色优势农业产业，其中产值较大的前十个产业总产值之和约为 154 亿元，约占化州市农牧渔林总产值的 68.67%。

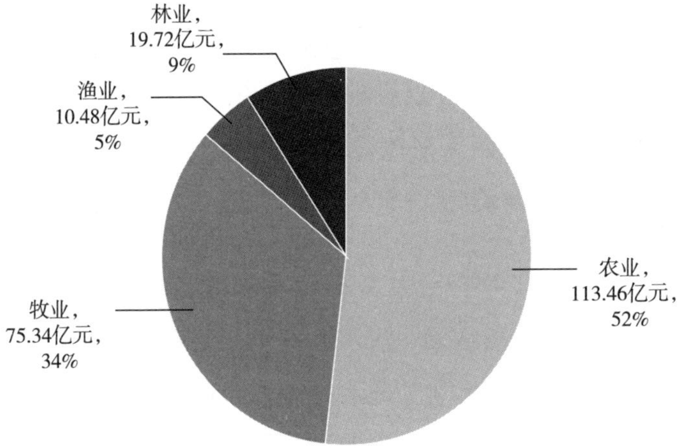

图 1－5　化州市 2020 年农牧渔林业总产值构成

（1）罗非鱼

截至 2020 年末，化州市水产养殖面积为 12 万亩，其中罗非鱼养殖面积达到 9.7 万亩，产量达 8.5 万吨。[①] 全市共有 4700 多家罗非鱼（水产养殖）相关商事主体，其中个体工商户近 1800 家，经济合作社 1250

① 数据来源于化州市农业农村局的《化州市农业产业发展情况》第 5 页。

多家，企业1700多家；罗非鱼养殖面积1000亩以上的企业1家，100亩以上的57家，50亩以上的283家，整个行业年产值约27.69亿元，约占化州市农牧渔林总产值的12.35%。

（2）化橘红

截至2020年末，化州市化橘红种植面积为11.3万亩，共有800多家化橘红相关商事主体，其中企业和公司450家左右，个体工商户100多家，农民合作社近300家。2020年化州市化橘红产业各类加工环节产量约1万吨，整个产业年产值约35亿元，约占化州市农牧渔林总产值的15.61%。

（3）其他特色优势农业产业

①桑蚕。截至2020年末，化州市蚕桑种植面积达9.12万亩，桑园面积居全省第一位，占全省的15.2%。桑叶产量为39.09万吨，蚕茧产量为2.62万吨。[①] 2019年化州市创建蚕桑省级现代农业产业园项目，产业园蚕桑种植面积8万亩，桑叶产量为34.29万吨，蚕茧产量为2.30万吨，分别占全市的88.77%、87.72%、87.79%；产业园有良种蚕桑苗圃1个，千亩高标准生产示范基地3个，形成了规模化加工原料生产基地。截至2020年末，化州市有10家茧丝加工和丝绸纺织企业，年销售额超过2000万元的蚕桑企业5家，其中省级农业龙头企业[②]1家，市级农业龙头企业1家，蚕桑专业合作社180家，上规模的蚕桑家庭农场20家，整个产业年产值约15.72亿元。

②生猪。截至2020年末，化州市生猪年末存栏量达74.60万头，出栏量达130.10万头。全市有生猪养殖户专业户3800多户，其中年出

---

① 数据来源于化州市农业农村局的《化州市农业“三产”融合发展推动乡村振兴工作情况汇报》第4页。

② 省级龙头企业申报条件和标准：一是原则上是地级市重点农业龙头企业；二是农产品生产、加工和流通的销售收入占企业总收入的70%以上，或涉农收入占总收入70%以上；三是企业信用良好，经营规模、效益、质量、带动能力等方面达到规定的标准，具体以百分制计分，综合得分在60分以上的为候选企业。具体内容可以参考《广东省重点农业龙头企业认定和运行监测管理办法》（粤农农规〔2020〕11号）。

栏500头以上的有458户，省级原种猪场1个，省级种猪扩繁场12个，国家农业部畜禽标准化示范场4个。因生猪价格近年波动较大，整个产业年产值为20亿~30亿元。

③特色水果。化州市大力发展荔枝、龙眼、香蕉、番石榴、蜜柚、柑橙、红杨桃、黄皮等特色水果，重点发展名优水果产业带和主产区，加快品种结构调整优化力度，积极推进品种改良，个别水果实现早、中、迟熟品种合理搭配；引导发展林下经济，提升果园经济效益。

化州市主要特色优势农业产业情况如表1-2所示。

表1-2　　化州市主要特色优势农业产业情况

序号	品种	面积（万亩）	产量（万吨）	产值（亿元）
1	罗非鱼	9.70	8.50	27.69
2	化橘红	11.30	1.00	35.00
3	桑蚕①	9.12	2.62	15.72
4	沉香②	4.40	800/200	7.00
5	甘蔗	9.20	47.40	2.30
6	油茶	8.30	0.30	0.40
7	生猪③	—	74.60/130.10	30.00
8	荔枝	24.80	6.20	6.40
9	龙眼	21.00	13.50	12.50
10	香蕉	7.10	29.90	17.00
合计		—	—	154.01

4. 农业产业化情况

化州市围绕“富民强镇、强镇带村”发展战略，以发展壮大特色农业优势产业、延伸农业产业链、提升农产品附加值为重点，扶持龙头企业、农民专业合作社，争创驰名商标、知名品牌和农产品地理标志产品，增强农产品市场竞争力，推动农业产业转型升级，带动农业增效、农民增收。

① 蚕茧产量2.62万吨。

② 800万吨沉香树苗，200万吨沉香木。

③ 生猪存栏量74.60万头，出栏量130.10万头，由于生猪价格波动性较大，比如2021年初价格为每斤15元，年中时价格调整为6元/斤，据此我们测算产值在20亿~30亿元，表中数值取30亿元。

化州市“一条鱼”产业链规模初具成型。一是大力推广罗非鱼良种良法养殖。引导和扶持建设大型龙头罗非鱼良种场，全市罗非鱼良种覆盖率已达95%以上。截至2020年末，全市规模较大的罗非鱼种苗场3家，其中省级罗非鱼良种场1家，在建国家级罗非鱼良种场1家，在建省级罗非鱼良种场2家，年生产优质罗非鱼鱼苗约3亿尾。二是全面实施“无公害食品行动计划”。目前，全市“省水产品质量安全示范场”4家，农业部健康养殖示范场4家，水产品无公害产地认定企业12家，无公害产地认定面积达2500多亩，备案面积9万多亩。三是持续延伸产业链条。化州市先后引进广东雨嘉、广东新海、广东环球、茂名鸿业等罗非鱼切片加工厂，年加工罗非鱼切片达7万吨，加工产值6.4亿元；化州欧帝玛生物、百维生物生产高品质的鱼鳞明胶、胶原蛋白产品，大大提高了罗非鱼产品附加值，形成罗非鱼养殖、切片加工、生物制品深加工的完整产业链。目前，化州市有省级罗非鱼龙头企业4家，茂名有市级罗非鱼龙头企业2家。

化州市化橘红已形成完整的产业体系链条。2021年下半年，以生产化橘红为主体的现代农业产业园成功申报国家级现代农业产业园，产业园规划总面积为127.98万亩，化橘红种植面积为10.2万亩。园区总体布局为“一中心一核心区三基地”。“一中心”即化橘红产品展销展示博览及物流集散中心；“一核心区”为河西化橘红产业集聚加工核心园区（原化州民营科技工业园）；“三基地”分别为化橘红良种繁育及质量安全追溯体系示范基地、化橘红农业生态观光型高标准生产示范基地、化橘红一二三产业融合发展示范基地。目前全市化橘红加工的系列产品有50多种。

除了罗非鱼和化橘红这两个规模较大、市场化发展较快的农业产业外，化州市目前正大力推动生猪养殖、沉香、桑蚕、特色水果等特色优势农产业的发展，以优势特色农业产业园、农业生产示范基地、特色农业推广示范中心和特色专业村镇建设为抓手，以农业品牌为基础，积极培育新兴品牌，形成不同类型、不同层次的绿色农产品、精深加工品、农旅产品等农产品系列，提升农产品商业附加价值，打造具有化州特色的一二三产业融合发展路径。

（三）农业产业发展规划

1. 发展规划目标和思路

围绕“富民强镇、强镇带村”和“乡村产业振兴”战略，统筹城乡一体化发展，以培育特色优势农业产业和实现农民持续增收、建设现代特色优势农业强市、实现农村经济社会高质量发展为目标。

以“树品牌、促集聚、转方式”为核心发展思路，一是以农产品区域公用品牌为基础，形成不同类型、不同层次的绿色农产品、精深加工品、农旅产品等特色系列品牌化农产品，提升农产品商业附加价值。二是推进一批特色农业产业园、特色农业示范基地、特色专业村镇等建设，调整农业产业结构，打造适度规模、集约高效、特色生态农业产业。三是按“主导产品—经营主体—主导产业—产业集群”的思路形成产业集聚发展，积极加快产前、产中和产后加工产业链条延伸，构建一二三产业之间有效联接的、深度融合的全产业链条，发挥集聚效应和规模效应。

2. 总体规划布局与发展路径

通过“二大核心区，两大重点产业板块，十大特色农产品产业带”产业总体布局①，将马赛克式产业进行串联与融合，推进农村一二三产业深度融合发展，具体区域布局如图 1－6 所示。

① “二大核心区”：以化州市区为主中心辐射的农业产业集群和以合江镇为县域副中心辐射的农业产业集群。“两大重点产业板块”：化州南部重点特色农业产业板块及化州北部生态特色农业产业板块。“十大产业带”：杨梅下郭丽岗罗非鱼产业带；笪桥良光南盛甘蔗产业带；平定中垌新安丽岗河西官桥化橘红产业带；中垌油茶产业带；宝圩播扬香蕉产业带；文楼江湖蜜柚产业带；平定那务合江桑蚕产业带；官桥中垌柑橙产业带；新安黄皮番石榴产业带；笪桥良光新安中垌妃子笑荔枝产业带。

一是根据本地农业资源优势和产业发展现状，重点发展化橘红、罗非鱼、甘蔗、桑蚕、特色水果、油茶、道地南药、生猪等特色突出的农产品。二是以农户为产业基础单元主体，以农民合作社为产业链连接点，进一步培育壮大农业产业化龙头企业，并带动农户和农民合作社发展适度规模经营，形成“龙头企业（公司）+合作社+农户”“龙头企业（公司）+家庭农场（农户）”“家庭农场（农户）—市场（直销）”等多种农业产业经营模式。三是以特色农业产业园、生产加工示范基地、亚热带水果推广示范中心的建设为抓手，促使当地特色产业生产专业化、经营市场化，促进农业生产、加工、物流、研发、服务等相互融合和全产业链发展。

3. 农业产业专项规划

（1）罗非鱼

一是加大优质罗非鱼苗种的供应，加大资金政策支持力度，促进良种场优良品种更新改进，扩大良种工程示范推广的影响力，进而提高化州市良种的覆盖率；二是开展水产品可追溯建设，强化行业管理标准化，加强水产品安全可追溯体系建设，将溯源技术应用于“从生产到餐桌”的全过程中，做到整个养殖过程可查，真正从源头控制水产品品质；三是通过提高罗非鱼产品的质量，建立高水平的产品检测标准，树立形象、创立品牌，以品牌优势取代产量优势，牢固掌握市场主动权。

（2）化橘红

化橘红作为广东省的特色中药资源、化州市地理标志农产品之一，被列为“中国十大南药”“四大广药”之一。一是培育地方特色品牌，实施品牌带动战略为产业发展提供支撑；二是鼓励龙头企业加大对化橘红的精深加工研发，延长产业链，着重在药用、保健饮料、化妆品方面进行深度开发；三是致力将化橘红的研发、加工、贸易、休闲养生和文化旅游有机整合起来，构建完善的化橘红产业链条。

（3）其他农业产业

化州自然环境和自然气候非常适合相关农作物种植，也适合渔业和养殖业的发展，各种农业产品的特点不一样，决定了相关产业链的附加值和发展路径差异较大。归纳来看，其产业主要有以下几点，一是推进品牌建设，提高相关产品附加值和增加产业发展的市场价值。二是做大规模和做优品种，一方面，做大规模可以降低产品生产成本、提高经营主体收入，达到增收富农的根本目的；另一方面，产品质量是产业发展的根基，也是其市场价值的根本，生产规模和农产品质量存在一定的正反馈效应关系。三是推进产业纵向发展，在规模化生产的基础上，提升加工环节的科技水平和精细化程度，充分利用农产品的各种物理价值，不断完善产业链加工产出品种，挖掘其市场价值。四是以市场为导向，做强销售端，通过农超对接、农批对接等形式积极对接周边和省内市场需求，同时大力发展电子商务，带动年轻劳动力发展农村电商，通过网络平台向外推介农产品，扩大网上交易规模。

二、化州市乡村产业振兴的现状、问题和机遇

（一）整体看化州市具有独特优势的农业产业基础

化州市是广东省典型的农业大市，2020 年农林牧渔业总产值为 224.26 亿元，第一产业增加值为 141.58 亿元，占当年地区生产总值 560.18 亿元的 25.30%，在广东省内是为数不多的第一产业增加值占比超过两成的县（县级市）。鉴于化州市独特的地理位置，使本土的农业资源丰富且独具特色。化橘红、水产（罗非鱼）、粮食、畜牧、蚕桑、蔗糖、蔬菜、水果、林木、油料十大优势产业的总产值超过 150 亿元，占本地农林牧渔业总产值的 68% 以上，其中，化橘红和罗非鱼两个特色产业的产值合计超过 60 亿元，占比近 30%。

近年来，化州市建立了具有鲜明特色的现代农业生产基地，全市农业逐步向区域化布局、规模化种植、基地化生产、现代化管理、产业化经营方向发展，特色优势农业产业一览如表 1－3 所示。

表 1－3　　化州市特色优势农业产业一览①

种类	单位	2021 年	2022—2035 年
化橘红	万亩	11.30	15.87
沉香	万亩	4.40	13.58
甘蔗	万亩	9.20	14.85
桑蚕	万亩	9.10	16.54
荔枝	万亩	24.80	23.87
香蕉	万亩	7.10	18.64
黄皮	万亩	—	5.05
罗非鱼	万亩	9.70	16.50
生猪	万头	130.10	206.87

（二）化州市乡村产业振兴面临的制约因素

在化州市独具特色的农业产业实现规模化持续发展的同时，我们通过深入调查研究，也发现其仍面临一些农业发展制约和金融支持不足等问题，下面我们主要从“三农”、金融、政府等角度展开分析，具体如下：

1. “三农”视角下农业生产的弱质性和农业产业链较短

一是农业生产的天然弱质性，“小、散、弱”特征较为明显。一方面，农业是受自然和市场双重影响的弱势产业，农业生产经营易受其他因素影响，效益比较低，抵抗风险能力较弱；另一方面，化州农业产业分布散，单户种植规模小，种植模式主要以家庭作业式为主，部分产业分布全县各个乡镇，处在粗放、分散经营阶段，农户自主经营缺乏稳定

① 表中 2021 年的数据来自调研所得，2022—2035 年的数据来自《化州特色农业发展整体规划（2018—2035 年）》。

的销售渠道，产品质量不稳，收益不稳定，这些因素都可能制约“三农”产业的发展壮大。

从罗非鱼这个当地主要农业产业的养殖规模分布、商事主体的规模、类型等信息可以深刻理解农业产业的“小、散”特征。根据《化州市2018—2030年水域滩涂养殖规划》，明确推动罗非鱼养殖范围从化南片区逐渐覆盖化中、化北片区，实现从“小、散”养殖向连片规模养殖转型，培养出一批规模化、标准化的养殖场。从罗非鱼产业的养殖面积看，化州全市罗非鱼养殖面积1000亩以上的企业1家，100亩以上的57家，50亩以上的283家，规模化的连片养殖还不够高。从罗非鱼产业的商事主体角度看，注册资本100万元以下的罗非鱼产业主体为3340家，占比达70%，1000万元以上注册资本的企业仅有214家，占比不足5%，侧面反映整个罗非鱼产业集中度还有较大提升空间。从罗非鱼产业商事主体的具体类型看，企业仅有1743家，占比为37%；而个体工商户就有1775家，占比超过37%；经济合作社1252家，占比约为26%，也即商事主体中的非企业类型占比高达60%以上。具体情况如图1－6所示。

注册资本 产业	100万元及以下	100万~500万元（含）	500万~1000万元（含）	1000万~5000万元（含）	5000万元以上
罗非鱼产业主体个数	3340家	871家	359家	174家	40家

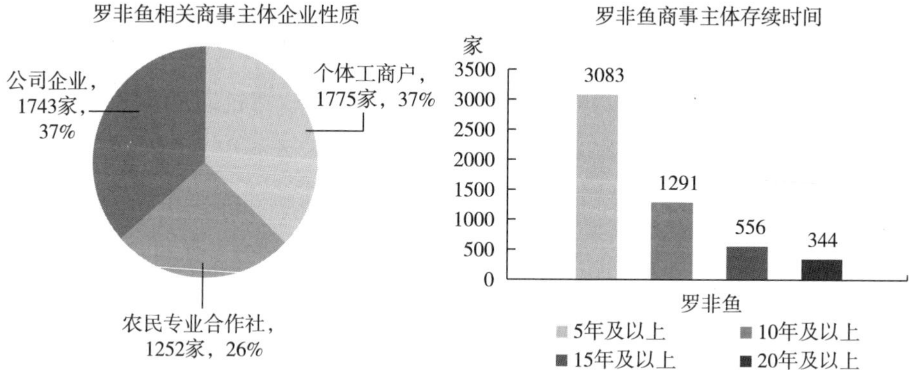

图1－6　化州市罗非鱼商事主体情况

二是农业产业链较短，农业现代化和产业化发展不充分、不均衡。虽然化州优势农产品丰富，并有“中国化橘红之乡”“罗非鱼养殖第一县”“沉香种植第一县”“蚕桑种养第一县”“全国产粮大县”“生猪调出大县”“国家级糖蔗种植基地”等称号，但目前全市大部分农产品的加工水平低，导致绝大部分农产品以初级产品与粗加工产品销售，难以实现转化增值，同时，因农产品二次以上的精深加工程度低，使产品档次和质量不高，附加值低。

此外，化州市农业整体的流通加工业欠发达，商品流通基本由种植大户及农业龙头带动，市场开发不足，品牌化程度较低，大部分农业生产单位不注重品牌和包装，缺少优质化、高端化的竞争意识。化橘红和罗非鱼是化州的主要产业，但两者的产业链完整程度截然不同。化橘红全产业链总产值约 35 亿元，初深加工产品超过 50 个，其中在药品、饮片、保健等多个领域初步形成产业集群，已获得国家专利技术 30 多项、国家保护处方 3 项。与化橘红相比，罗非鱼产业链仍不够完善，罗非鱼全产业链总产值约 27.69 亿元，以初加工的条冻鱼和鱼肉切片为主，加工水平低。在罗非鱼预制菜或其他深加工领域还有产业链拓宽空间，相关产业的深加工方法如表 1 – 4 和表 1 – 5 所示。

表 1 – 4　　化州市化橘红产业加工链

产业	种养	初加工	深加工
化橘红	鲜果销售	切片、原果、压果、组合花茶	➢ 药品：橘红痰咳液、橘红痰咳膏、橘红梨膏、化橘红胶囊 ➢ 保健品：化橘红饮片、化橘红润喉糖 ➢ 饮料：化橘红普洱 ➢ 工艺品：配珠、项链、信物、烟斗、烟盒等

表 1 – 5　　化州市特色优势农业产业加工链规划路线

产业	种养	初加工	深加工
罗非鱼	活鱼销售、鱼苗	条冻鱼、鱼肉切片	➢ 罗非鱼预制菜：酸菜鱼、水煮鱼、烤鱼等 ➢ 利用鱼皮、鱼鳞为原料生产高品质的明胶和胶原蛋白产品，以及利用罗非鱼下脚料生产的鱼粉

续表

产业	种养	初加工	深加工
甘蔗		普通砂糖	➢ 开发深加工产品，如精品糖、脱脂糖、糖果等附加值高的产品 ➢ 制糖副产品精深化加工，提高废渣、废糖蜜等副产物综合利用率，联合研究与开发附加值高、技术含量高的下游产品 ➢ 食品加工，饮料加工
特色水果	鲜果销售	精果、高端礼盒	➢ 果干、果浆、果汁、果茶等

农业产业链向精深加工方向延长，是提升本土农业产业增加值的必由之路。当前化橘红和罗非鱼两个当地的主要产业，其在种养环节的产值分别为12亿元和7.2亿元，对应的初加工环节的产值分别为23亿元和20.49亿元，加工环节产值是种养环节产值的大约2倍。据调查，位于佛山市南海的广东HS水产有限公司，号称是中国水产产业链领跑者[①]，年产值超20亿元，其近年来开发了以蹦蹦鱼为品牌的预制菜系列产品，实现了“半斤鱼即一份菜”的价值增长路径，使2元的成本在市场销售中的售价高达20元，价值增长近10倍，HS水产公司的相关情况介绍详见本章节的专栏。可见，农业产业的精深加工是化州主要农业产业的重要发展方向。

2. 农村金融视角下主动性及产品服务有待创新和提升

一是“轻农重大户”，缺乏对当地农业产业逻辑的深度研究。随着化州市经济发展水平和社会生活水平的提升，当地农业、农企、农户的经营性和消费性需求日益升级和多样化，与落后僵化的现代金融产品和服务体系的矛盾日益突出。一方面，当地农村金融机构过往存在“垒大户倾向”“房地产情结”，金融资源投放农业农村的占比相对较低，支农效

① 该公司曾经自主研发了“活鱼低温暂养、纯养冷链配送”技术，成功突破了“活鱼远程冷链运输时长超过20小时存活率达99%”的高技术水平。更进一步的信息详见公司官网：www. gdh-ssc. com. cn。

益不高，金融支持“三农”和乡村产业振兴的成效不显著；另一方面，缺乏对当地农业产业逻辑的深入研究。比如农村基础设施建设项目、农企和农户等群体的公共性和私有性、消费性和经营性、平台性和主体性的融资需求存在显著差异，且现代化农业组织和传统乡镇企业、农民工和农户等的资金需求也相当不同。若金融产品设计不能灵活组合和契合客户需求，特别是金融产品的还款方式和担保方式不能与具体的农业产业链的生产周期特征、资金流水特征高度融合，则金融产品方案一定难以接地气，用传统、单一、割裂的方法开展农业信贷投放必然更加困难，意味着金融对农业产业的支持率低下。在调研中我们发现，海洋渔业在每年的5月1日到8月15日是法定的休渔期，荔枝、黄皮的采摘期仅仅只有每年5—6月或6—7月的一到两个月，罗非鱼的养殖周期一般是一年两造等农业特定的自然生产周期，对此差异化需求，金融机构并没有针对性地调整金融产品的还款方式、担保方式甚至利率定价方式等产品要素，导致有效需求难以满足，进而凸显金融机构自身的存贷比水平低等一系列问题。例如，化橘红全产业链产值为35亿元，而化州农商银行投向支持化橘红产业贷款金额约3.1亿元，信贷资金支持比例不足10%，而罗非鱼产业的信贷资金支持比例不足6%，其他特色产品的信贷资金支持力度更低，具体情况如表1－6所示。

表1－6　主要农业产业信贷资金支持比例比较　单位：亿元、%

农业产业	全链产值	信贷已投入	比例
罗非鱼	28.00	1.49	5.41
化橘红	35.00	3.18	9.08
桑蚕	15.72	0.46	2.95
合计	78.72	5.13	6.52

二是农村征信体系不健全，缺乏被认可的担保物，各类农业主体难以获得银行融资。随着社会信用体系建设的不断完善，现代农户的信用应用场景变得越来越丰富。然而，农户的信用信息收集难度大，农户积

累的金融历史资料较少，征信记录空白较为普遍，很多方面不能直接套用传统银行风控手段。在农业农村领域，农业合作社、农户基础征信数据缺失，而且农业“靠天吃饭”特征明显，导致当地金融机构面向农村授信缺少风险评估的依据，使“三农”信贷抵押品范围窄、数量少、评估管理难度大。这在一定程度上导致了“三农”的融资难、融资贵问题。在实际操作中，部分中小型种养殖户经营数据难以提供具体凭证核实，没有银行流水、购销凭证等佐证材料，导致客户经理在实际办理贷款过程中无法核实客户经营规模，影响贷款办理。以化州农商银行为例，截至2021年9月末，化州农商银行投向支持化橘红产业贷款219户，金额超过3.1亿元，覆盖化橘红种植、加工与销售，但贷款主要以抵押为主，抵质押贷款余额占比为99.37%，抵质押贷款户数占比为95.43%，可见信用类和保证类贷款少之又少。

三是科技赋能不足，农村金融服务手段单一，展业成本较高，营销主动性较弱。由于“三农”金融的场景分散，农村地域分散、农民工流动性大、农产品易损耗等特征，在农村金融服务手段单一、科技赋能不足的实际情况下，导致“三农”金融展业成本过高，例如，化州地形狭长，南北距80公里，东西宽40公里。从化州农商银行总行所在的河西街道出发到平定镇（化橘红的发源地）路程需要近70公里，只有国道可走，耗时大概需要1.5小时，再加上农业贷款本身风险难以评估，进一步增加了成功获客的难度，客户经理营销主动性不足，较少到田间地头，等客上门现象仍然突出。而农商银行科技人员的匮乏，导致二维码营销、移动小程序获客等线上产品开发投入不足，大数据贷后管理相对缺失，科技赋能金融支持农业产业发展的力度亟待提升。

3. 政府视角下资金投入和科技创新投入有待提高

一是农业发展资金投入不足。化州市是一个典型的农业大市，受地方财力制约，对农业产业化发展的投入较少，加上财政支农资金分割、条块管理，使农业基础设施、科研、生产、流通等方面的财政资金难以合理配置。同时，受工农“剪刀差”效益影响，大量资金被工业所吸引，此外，农民自身积累能力也差，多数农户的积累仅能维持简单再生产，导致农业发展资金的投入严重不足。例如，2019 年第一产业 5000 万元以上的固定资产投资总额为 3.5 亿元，占比为 3.27%，同比下降 39.6%。虽然 2020 年第一产业项目完成投资增长 18.9%，但仅占全市项目投资的 4.1%。从另一个角度看，农业发展资金投入不足也意味着农业产业金融需求的巨大潜力，也正是化州农商银行进一步提高存贷比的市场基础，以当前化州农商银行的规模测算，存贷比提高 10 个百分点则意味着近 20 亿元左右的净新增投放量。

二是农业科技创新能力不高。近年来，化州市农业科技化、产业化进程均有较大程度的提升。但农产品加工、储存、保鲜等环节技术发展滞后，对农业的拉动和促进作用不强。此外，全市农业科技推广体系建设滞后，机构人员老化且严重缺编，知识更新缓慢，高、中级科技人员短缺，无法适应现代特色农业的发展需求。在调研过程中，据当地种植和加工化橘红的企业反映，在每年收购化橘红鲜果高峰期的 5—6 月，由于烘干炉短缺，使鲜果烘干成为梗阻因素，政府部门能否针对引进高效能创新型电子烘干炉兼提供公共烘干服务的加工企业给予适当的制度性补贴也成为农业科技制度创新的重要议题。而针对罗非鱼，当地的农村农业局和银行保险监管部门都认为如何提升罗非鱼在加工中后端的附加值，特别是通过农业科技创新、创新人才提升等提高产业的竞争力则是当务之急。

（三）化州市乡村产业振兴未来的发展机遇

1. 自然资源优势独特，周边要素潜力深厚

化州市丹山碧水，自然资源条件好、水系发达，良好的生态环境是山区发展生态特色农业的最大优势，水质洁净，空气质量较好，优越的光热水土条件适宜于各种农作物生长。

以化橘红为例，化州市属南亚热带季风气候，年平均日照1984.6小时，年平均温度为22.6℃，无霜期长达362天。充足的阳光、丰富的热量为化橘红生长提供了“天然温室”。与此同时，化州市地形多为低海拔丘陵山地，土壤多属砖红壤，土壤pH值为5.5～6.5，富含镁礞脱石、Mn、Mg、Fe、Ti，其中礞石矿物质是导致化橘红果身覆被金黄色绒毛的重要因素，散发的橘皮芬芳也是化橘红的有效成分，土壤矿物质促进化橘红有效成分的形成。水源条件方面，化州市境内河流众多，主要有鉴江及其一级支流罗江、二级支流陵江，市内地表水多年平均径流深为766毫米，径流量为55.7亿立方米（包括过境客水），为化橘红的生产创造了优越的水资源条件。化州得天独厚的土壤条件和适宜的气候环境使其出产的化橘红中柚皮苷含量达7%以上，最高可达40%，比其他地区出产的橘红高出数倍。化州独特的自然资源禀赋，在农业产业规模化发展的过程中形成和集聚了一定的品牌效应，同时也获得了一定的市场价值资源，具体的品牌荣誉如表1－7所示。

表1－7　化州市主要特色优势农业产业品牌/荣誉

农业产业	品牌/荣誉
化橘红	国家地理标志保护产品
	广东省名牌产品
	广东省名特优新农产品区域公用品牌
	广东十大南药之首
	中国化橘红之乡
	全国唯一原产地
罗非鱼	中国罗非鱼之乡
其他农产品①	全国生猪调出大县
	广东省名特优新农产品区域公用品牌
	省级名牌产品
	著名商标

① 化州市其他农产品共有广东省名特优新农产品区域公用品牌22个，省级名牌产品25个，著名商标3个。

2. 优势农业产业化程度具备做大做强的产业基础

化州本地农业资源丰富，已建成了一批优质农产品生产基地，有化橘红、甘蔗、桑蚕、茶叶、特色水果、罗非鱼等多种优质特色农产品；培育了多家农业龙头企业、合作社及家庭农场等新型经营主体，农业产业化经营具有一定基础，通过合理开发，可形成规模化、集约化、标准化的种植基地，通过整合要素资源，可实现组团间协助与互动。同时，茂名“十四五”规划提出现代农业产业结构、发展布局和重点项目，政策性机遇显著增强。

（1）种养业结构：水稻、生猪等基础产业，水果、水产等优势产业，南药（化橘红等）、桑蚕等特色产业。

（2）产业发展布局：①畜牧产业：生猪、肉鸡等核心发展区；②亚热带水果产业：荔枝、香蕉、龙眼等产业带；③南药产业：化橘红、沉香等产业发展区域。

（3）重点项目：罗非鱼现代农业产业园、化橘红现代农业产业园、化州市化橘红饮料加工项目、优质加工型化州橙生产基地等。

3. 需求结构升级为现代农业持续发展带来新拉力

随着经济发展和人们生活条件改善，对优质、安全、营养和绿色农产品，及农业休闲度假、旅游观光、农耕体验、健康养生、文化教育及创意农业等新产品、新业态的需求快速增长，市场潜力巨大，将为推动化州乡村全面振兴、促进农业一二三产业融合、实现农业持续发展带来强大拉力。特别是在疫情背景下，因“80 后”“90 后”“00 后”等年轻消费群体生活工作节奏快、对消费体验要求高等消费习惯和价值主张的变化，使得在农业产业化过程中，农业产业的精深发展、农业企业从 B 端直接到 C 端的精准获客等新趋势，预制菜等创新品类都成为重要的转型方向。以罗非鱼预制菜为例，国内罗非鱼销售终端形式主要有酸菜鱼、火锅、烤鱼等，仅酸菜鱼一项，2019 年单品综合产值超 300 亿元，已成为餐饮细分领域赛道的新宠。几年前，预制菜已经成为外卖店、餐馆等B端后厨的标配。新冠疫情期间，预制菜在C端消费市场成功出圈，电商平台、便利店、超市中都出现了预制菜的身影。根据国海证券调研报告显示，中国预制菜目前正处于巨大的蓝海市场，2021年国内预制菜的规模在3000亿元左右，而在5年内规模可能迅速成长为上万亿元，长期超3万亿元。[①]

4. 农业社会化服务项目有效整合土地资源，发展空间广阔

化州市是广东省2021年农业社会化服务项目实施单位，也是广东省农民合作社高质量发展整县推进试点县、广东省承包地经营权流转试点县。2021年，化州市创新实施了“土地流转+经营主体+全程托管服务”“土地入股+发展集体经济+托管”“土地入股+股份分红+托管”三大模式，有效解决了土地撂荒和耕地细碎化问题（见图1-7）。目前，化州市334个行政村成立了土地流转服务站，土地流转面积为30.31万亩，流转率为45.22%。“土地流转+农业社会化生产服务”工作模式有效整合农田、农机、品种、技术、加工设备、组织方式、管理理念等多元资源，为农户提供耕、种、防、收、售全链条的专业化服务，为后续农业产业化从机制创新上提供了有效的解决方案和持续的发展动力。

5. 数字农业、智慧农业发展迎来新机遇

根据茂名“十四五”规划，茂名市将全面实施数字农业行动计划，推进“5G+智慧农业”体系建设，申请创建省级数字农业产业园，推进“互联网+”农产品出村进城工程，加快发展特色优质农产品电子商务，打造智慧农业技术应用示范样板，大力推进粮食产业全程机械化、农机设施智能化和农机服务社会化，推动农业科技创新。化州市开启了化橘红产业园实施项目，其中包括化橘红的工程技术研究中心、区域品牌宣传推介建设工程、信息大数据平台建设工程、农村电子商务示

① 据《2021预制菜行业现状与背景研究报告》，2020年美国预制菜规模约为454亿美元，日本是238亿美元。

图 1－7 化州市农业土地流转后的专业化生产

范基地等。随着农业产业化中的数字化建设、智能化建设不断发展，特别是“农业＋数字＋金融＋科技”的相互融合发展，必将在一定程度上缓释因农业的天然弱质和市场弱质所带来的固有风险，助推农业产业向精深方向发展。

6. 乡村振兴背景下新型农业经营主体示范效应增强

未来，茂名将积极推动农业产业化龙头企业做强做优、农民合作社提质增效、家庭农场规范健康发展。重点培育行业领军龙头企业、上市龙头企业和大型供销、农垦企业集团，鼓励企业建立现代企业制度。比如广东粤海饲料集团近年来积极开展“百镇千村”共致富工程，直接走进乡村，通过企业和乡村深入合作，帮助农民致富、产业升级，打造农村经济新业态。[①] 继续培育发展新型经营主体，引导农民合作社组建联合社，具备条件的向公司制企业发展。促进多元主体融合发展，推动家庭经营、集体经营、合作经

① 2021 年 10 月 20 日，农村农业部发布了“2021 年全国乡村特色产业亿元村名单”，广东珠海昭信村再次入选，粤海集团在昭信村提高饲料包产，让养殖户多赚钱，并提供技术指导，通过经销商协助农户有序开展生产销售，提高整个行业价值。详见 wap. peopleapp. com。

营、企业经营共同发展，完善企业和农户利益联结机制，通过订单农业、入股分红、托管服务等方式，将分散的小农户融入现代农业主要产业链，提高现代农业生产的组织化程度和营销的市场化程度。

整体而言，化州农业的发展具有众多的优势条件和前所未有的机遇条件，“中国化橘红之乡”远近闻名，且在农业产业上形成了较为扎实的产业基础，积累了较为成熟的思路措施，具备了良好的环境资源条件和加快发展的外部机遇。但是，从农业现代化进程的要求和打造特色农业产业的标准来衡量，化州特色农业总体上还处于起步和提升阶段，农业转型升级的潜力很大，形成具有地方特色的农业还有相当大的发展空间。在新的机遇和挑战面前，大力推进化州特色农业建设，就必须发挥生态环境资源优势，转变农业经济增长方式，调整农业产业结构，由增长导向转向提质导向，坚定不移地走特色农业、品牌农业、规模农业、生态农业和精致农业之路。

专栏：广东 HS 水产有限公司发展密码

一、产业背景

两千年历史的桑基鱼塘文化，铸就了佛山水产养殖的坚实基础，孕育出了广东 HS 水产有限公司（以下简称 HS 水产）等优秀的水产养殖企业。目前佛山市淡水鱼养殖面积超过 60 万亩。

二、发展现状

截至 2022 年末，HS 水产员工人数约 500 人，养殖基地、活鱼流通板块人数超过 200 人；从事水产预制菜生产加工的人数超过 100 人，营销团队预计在 2023 年突破 100 人。HS 水产传统产品线以活鱼流通为主，未来向水产预制菜方向发展。目前主攻 B 端市场，正大力拓展 C 端市场。

三、发展方向

受当地土地、气候等自然条件的制约，在农产品粗加工条件下，其产值增长空间相对有限，要做大做强农业产业产值，必须在技术水平、供给能力和市场需求等方面寻求突破，基于此，水产公司主要在以下三个核心环节发力：

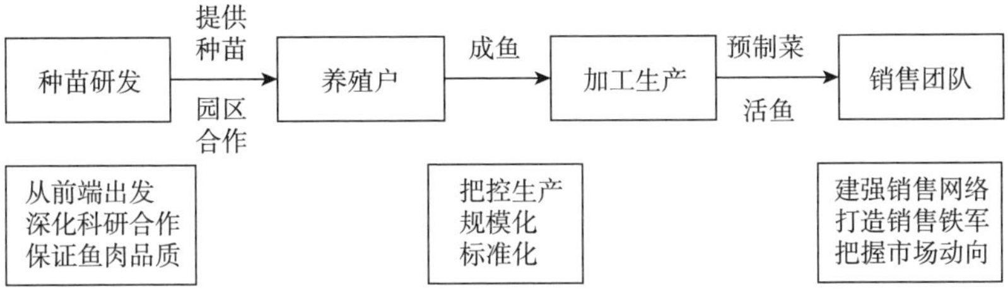

1. 核心技术

在种苗上，HS 水产联合农业科研机构和高等院校进行联合技术研发攻关，将更优秀的种苗提供给农户。HS 水产承包万亩鱼塘，通过“公司 + 基地 + 农户 + 标准”模式，进行园区式管理，推广农业技术，牵头集中采购，养殖户的成鱼最终由 HS 水产收购，从而有效带动农户增产增收。

2. 加工生产

为了弱化农产品加工对人的过度依赖，HS 水产未来将大力向规模化、标准化、品牌化方向发展，特别是当市场出现爆款产品时，公司的生产能力能够跟上市场需求，在规模上走在行业前列，迅速做大做强。

3. 销售团队

HS 水产聚力打造 HS 蹦蹦鱼品牌，在全国积极布局专业销售团队，借助 HS 水产的资源优势和多年积淀，通过互联网等渠道广泛推广自有品牌“HS 蹦蹦鱼”。主要销售对象有三类：线下经销商、线上零售商以及大型连锁餐饮。

四、未来规划

一方面，根据预制菜销售每年 50% 以上的高速增长态势，现有工厂的产能预计在 2023 年达到峰值。为了紧跟市场发展，HS 水产已进行了提前布局和规划。例如，2022 年 5 月，HS 在三水拍下 200 亩工业用地，进行预制菜灯塔厂建设，预计总投资25亿元。同时周边配套5000亩鱼塘，利用三水丰富的原料优势，快速扩充规模。

另一方面，投入资金，加大科技创新和产品研发力度，不断加强精深加工，向产业链更高层次迈进，不断提升产品附加值，在全产业链高质量发展中提供HS样板。

三、化州市主要农业产业金融需求分析[①]

（一）乡村振兴特色产业——罗非鱼

1. 罗非鱼产业模式

（1）罗非鱼产业概况

根据政府部门提供的统计数据可知，2020年化州市水产养殖面积12万亩，化州市罗非鱼养殖面积达到9.7万亩，产量达8.5万吨，约占茂名市地区罗非鱼产量的1/2，占全省的1/6，占全国的1/12，养殖环节的产值达7.2亿元。[②] 化州市罗非鱼养殖面积100亩以上的57家，50亩以上的283家，潜在客户市场巨大。为详细了解化州罗非鱼产业的真实情况，我们对茂名化州市和茂南区的罗非鱼养殖农户进行了实地调研，调研的具体情况详见附件1和附件2。在调研中，我们发现该地区的养殖模式主要可分为密集养殖模式和非密集养殖模式两种，两种养殖模式在养殖周期、技术要求、投入产出等方面均存在较大差异。基于两种养殖模式的具体情况，结合调研实际综合来看，化州市罗非鱼产业

① 本部分内容所涉及数据来自我行和化州农商银行相关工作人员的实地调研，部分通过实地调研的基础数据计算得出。

② 数据来源于2021年化州市农业农村局提供的《化州市农业产业发展情况报告》以及化州市农业“三产”融合发展推动乡村振兴工作情况汇报。

的有效养殖面积约为4.5万亩，户均规模为46.42亩，每亩收入为3.37万元，每亩成本为2.02万元，每亩利润为1.35万元，详细情况如表1－8所示。在鱼片加工方面，化州市先后引进雨嘉水产公司、新海水产公司、环球水产公司、茂名鸿业公司等罗非鱼切片加工企业，年加工罗非鱼切片7万吨，加工产值6.4亿元。

表1－8　化州罗非鱼产业调研情况

模式	户均规模（亩）	平均产量（斤/亩）	交易价格（元/斤）	每亩收入（元/亩）	每亩成本（万元/亩）		每亩利润（万元/亩）	备注
					总成本	饲料成本		
密集养殖	62.00	6579.80	4.35	57877.98	3.24	2.60	2.54	密养模式全部为一年两造
非密集养殖	33.44	2304.87	3.93	13491.41	0.86	0.69	0.49	非密养模式分一年两造、两年三造和一年一造
总体	46.42	4248.02	4.12	33667.12	2.02	1.60	1.35	—

说明：该表原始数据来源于化州市罗非鱼产业2019—2021年共计三年、十多户有贷款客户的实际调研，在上述客户中，有40%的客户属于密集养殖模式，60%的客户属于非密集养殖模式。

（2）罗非鱼产业结构分析

罗非鱼产业结构相对单一，产业主要经营主体有饲料厂、养殖户、渔佬、鱼片加工企业4个；另有村委为养殖户提供鱼塘、出租土地，农资商为养殖户提供药物、鱼苗等养殖所需物资，因这两部分支出不是养殖户的主要成本开支项目，故没有列入产业链。罗非鱼养殖产业链如图1－8所示，养殖户从饲料厂购买成品粮，从农资商购买鱼苗，在经历六个月左右的养殖时间后，由“鱼佬”（中间商）进行收购。

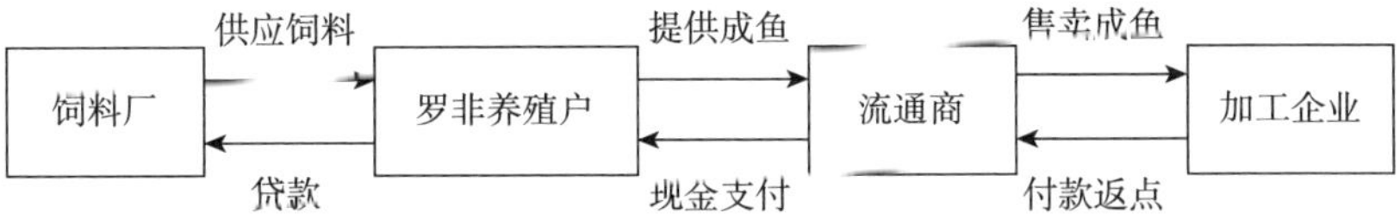

图1－8　罗非鱼养殖产业链

2. 罗非鱼产业金融需求测算

（1）饲料商金融需求分析

罗非鱼产业链中，饲料成本约占总养殖成本的80%，是罗非鱼养殖户最主要的成本支出项目。饲料厂由于处于产业链的上游，在产业链中担任的角色为原料提供商。饲料商常以赊销方式对养殖户进行金融支持。从调研情况看，饲料商对罗非鱼养殖户的赊销融资根据合作情况和信用情况而定，赊销部分占购粮总量的30%～70%不等，通常赊销比例为50%。赊销模式下存在不少问题，对养殖户而言，饲料赊销的融资成本非常高，一包鱼料120～150元，赊销将使每包价格增加10元，赊销期限一般为2～3个月，按每包鱼料135元，赊销期限为2.5个月，即年化利率达35.55%，远高于信贷资金利率水平。对厂家而言，赊销交易的高利率也并非一本万利的好买卖，一方面，赊销资金的回款周期通常长达3个月，资金压在养殖户手中不仅无法快速投入再生产，且降低企业经营的周转效率；另一方面，赊销方式还使得饲料商直接承担资金回笼的压力，需要消耗销售渠道中的人力、物力来确保资金顺利回收，同时还需要承担资金无法顺利收回带来的损失。

据调研统计，化州市罗非鱼养殖环节总产值约为7.20亿元。从对密集养殖和非密集养殖两种方式抽样调研的情况看，化州市罗非鱼每亩产量为4248.02斤，每亩销售收入为3.37万元，每亩净利润为1.35万元，每亩养殖成本为2.02万元，其中饲料占养殖成本比约为80%，即每亩饲料成本为1.62万元，预计饲料销售额达到3.46亿元。[①] 从调研的实际情况看，其中，50%的饲料销售是通过自有资金交易实现的，剩余50%的饲料销售是通过赊销（35%）和银行信贷（15%）的交易方式来实现的。在金融机构主动营销服务的情况下，若银行信贷资金可

① 7.2×（2.02/3.37）×80%＝3.46。化州市罗非鱼养殖户养殖模式存在较大的差异，密集养殖模式具有投入高、产出高、利润高的特点，此处的数据来自基于抽样的密集养殖模式和非密集养殖模式两种情况调研后的总体情况，是两种模式的总量平均。

部分替代饲料厂家赊销对养殖户提供的资金支持，假设银行信贷占比由15%上升至35%，也就是说，赊销比例下降至15%，银行可新增约0.69亿元的信贷规模。①

（2）养殖户经营状况及需求分析②

据调研数据统计，一亩鱼塘每造的养殖成本约2.02万元，饲料费和电费是主要成本（其中饲料费成本约1.62万元）。养殖户承包当地村居鱼塘，单块鱼塘面积在15亩以上的，每亩年租金1200元；单块鱼塘面积在10亩以上的，每亩年租金1000元；单块鱼塘面积在8亩以上的，每亩年租金800元。一般租赁期为15年，每年支付租金。详细数据如表1-9所示。

表1-9　　化州市罗非鱼产业每亩养殖成本　　单位：元、%

	成本	分项成本					利润
		租金	种苗	药物	饲料	电费	
金额	20200	1000	2180	120	16200	700	13500
占比	100	4.95	10.79	0.59	80.20	3.47	—

如表1-10和图1-9所示，在罗非鱼养殖成本中，饲料费、种苗费和水面费（鱼塘租金）成本占养殖生产总成本的95%以上，是最主要的生产支出项目，其中饲料费占生产成本比例最大，约为80%。

从资金需求量上来看，化州市罗非鱼针对不同的养殖模式，其资金需求不同，密集养殖模式资金投入较大，非密集模式资金投入较小，总体看每亩罗非鱼总投入资金为2.02万元。假设养殖户的每亩自有资金为0.5万元，占比25%。从赊销、民间借贷、银行融资中各获得了0.5万元，其中主要的融资成本集中在民间借贷部分。在民间借贷部分，包括亲属借款和高利贷借款两种，其中“高利贷”占比约九成，年化利

① 赊销的年利率为35.55%，因此产生的利息成本为0.43亿元（3.46×35%×35.55%）；银行利率为5.55%，因此而产生的利息成本0.03亿元（3.46×15%×5.55%）。

② 相比规模较小、专业化程度不高的养殖户和兼业养殖户，该部分内容中的相关数据来自高密度养殖模式，可能偏高（大）。

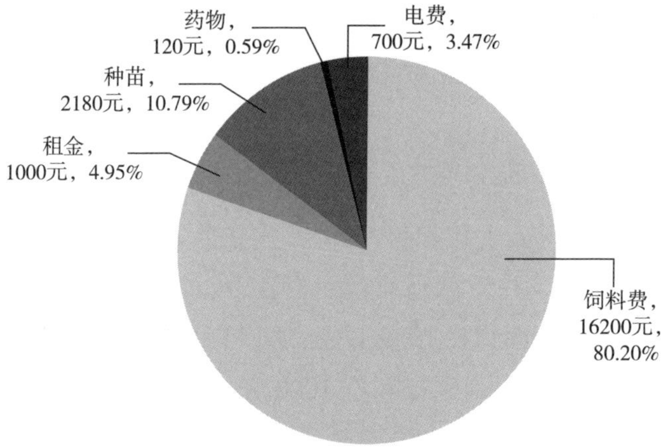

图1－9　每亩养殖成本构成

率约为60%。在化州市4.5万亩的罗非鱼有效养殖面积中，共计提供了约2.03亿元[1]的资金。如果养殖户能用银行信贷资金逐步替代高利贷借贷，银行将新增2.03亿元的信贷规模。

表1－10　每亩罗非鱼融资成本　单位：元、年、%

投入成本	自有资金	融资金额	分项融资成本								
			赊销交易			民间借贷②			银行融资		
			金额	期限	利率	金额	期限	利率	金额	期限	利率
20000	5000	15000	5000	0.21	35.55	5000	1	60/10	1.5	1	5.55

在信贷产品品类的选择上，养殖户通常倾向于申请短期流动资金贷款，仅少数养殖户申请中长期贷款，主要原因一方面可能是罗非鱼养殖具有季节性，个人或企业对资金周转的要求比较快；另一方面可能是申请中长期贷款的要求相对较为严格，大部分养殖个人或企业很难提供合格的抵押品和担保。因此养殖户或企业更倾向于申请短期流动资金贷款。

---

① $4.5 \times 0.5 \times 90\% = 2.025$。

② 此处的民间借贷金额有九成为年化利息60%的“高利贷”，剩余的10%为年化利息10%的亲属或熟人间的民间借贷。

（3）渔佬经营模式及融资需求分析

渔佬又名水产流通商，其生产经营模式单一，即从塘头收购成鱼，销售给罗非鱼加工企业进行加工生产或存放在冷库，赚取中间的差价。成本集中在罗非鱼捕捞、运输过程中的人工费、运费。以2021年5月为例，茂名罗非鱼塘头价和工厂价之间差价为0.5元/斤至1元/斤。全年罗非鱼产量8.5万吨，按均价0.8万元/吨计算，总交易量约为6.80亿元。

在需求方面，由于部分加工企业会直接收购成鱼，不经过流通商，所以流通商在整体市场中占据的份额难以具体计算。据上文计算，每年罗非鱼总交易量约为6.80亿元，初步按流通商经手70%的罗非鱼计算，假设一年资金可以流转6次，则渔佬的资金需求约有0.83亿元。如果能提供给渔佬25%的资金需求，则银行约可新增0.21亿元的信贷规模。

（4）鱼片加工企业金融需求分析

化州市先后引进雨嘉、新海等罗非切片鱼加工厂，全行业年加工罗非鱼切片达7万吨，整个加工环节产值达20.49亿元。鱼片加工企业的总体市场规模可观，若按产值的15%测算银行预期可投放资金，则加工环节的资金需求约为3.07亿元。①

（5）脆罗非鱼金融需求分析

脆罗非鱼作为承载了养殖户打开国内销路、餐饮企业打造网红爆款双重期望的宠儿，脆罗非鱼的需求在连年快速增长，收购价格较传统罗非鱼高出了许多。传统罗非鱼的售价约为4.8元/斤，而脆肉罗非鱼的塘头价格为10.5元/斤到10.8元/斤，比起普通罗非鱼高出了接近1倍。这样的价格差异直接导致了脆罗非鱼养殖面积的爆发式增长。目前化州已有养殖面积2300亩，产量600万斤，2021年内可达到5000亩，

① 受疫情影响，目前鱼片加工企业的经营受到出口难、货运难、美元贬值等多方因素影响，近期盈利状况不理想。以上市公司国联水产为例，2021年第三季度营收12.00亿元，净利润99.73万元，加权平均净资产收益率0.05%。

产量超过1500万斤，估计鲜鱼产值将达到1.5亿元，按照30%的融资比例支持脆罗非鱼产业这一创新产品，则可以新增银行信贷需求0.45亿元。

（6）精加工潜在需求

罗非鱼的深加工市场还有着十分庞大的潜力。以预制菜为例，HS水产以罗非鱼为原材料制作的预制菜销售增长迅速，每天的加工量达到5万斤，可以生产8万份，每份约半斤罗非鱼，每份成本约9元，批发价约19元，市场价约25元，毛利率可达50%。

根据安信证券研报数据预测，目前中国预制菜行业市场规模约为2100亿元，到2025年该行业规模有望增长至6000亿元左右，而国海证券的远期预测，预制菜市场规模有望超过3万亿元。在这样的行业风口中，罗非鱼预制菜的加工生产、销售数量可预见地会以每年50%～200%的速度快速增长，这也带来了罗非鱼加工企业的固定资产投资需求、流动资金需求以及罗非鱼养殖户的成鱼销售增长。

3. 罗非鱼产业链资金需求概述

根据对罗非鱼产业链各环节的资金需求测算，罗非鱼产业资金需求总量如表1－11所示。

表1－11　罗非鱼产业资金需求总量　单位：万元、年、%

需求主体	总产值/资金需求	预期可投放	实际已投放	资金需求	备注
饲料厂	3.46	0.69	0	0.69	按产值20%测算
养殖户	7.20	2.03	0.50	1.53	按高利贷占民间借贷金额的90%测算
收鱼佬	0.83	0.21	0	0.21	按渔佬资金需求25%计算
加工企业	20.49	3.07	1.00	2.07	按产值15%测算
脆罗非①	1.50	0.45	0	0.45	按产值30%测算
合计	34.52	8.05	1.50	4.95	

① 因脆罗非鱼目前作为一个具有市场竞争力的新品种，正处于行业爆发期，其产值增长较快，基于前文的2021年脆罗非鲜鱼产值1.5亿元，此处的信贷可投放金额按产值的30%估算得出。

（二）乡村振兴特色产业——化橘红

1. 化橘红产业模式

（1）化橘红产业概述

化州市辖内化橘红种植面积共有 11.3 万亩①，主要分布在平定镇、中垌镇、良光镇、林尘镇、那务镇、丽岗镇六镇，年产鲜果 5 万吨，种植环节产值约 12 亿元，从业种植大户 80 余个、农业合作社 109 个、相关公司和企业 10 个。代表性的市场主体有茂名市化州常青橘红种植有限公司、化州市中贸橘红土特产有限公司、化州市益利化橘红专业合作社、化州市培林橘红种植专业合作社、广东美华农业生物科技有限公司等。

化橘红加工环节年产量约有 1 万吨，产值约 23 亿元。从业个体户（含家庭农场）163 个，农业合作社 109 个，企业 154 个。代表性的市场主体有化州化橘红药材有限公司、化州市南国橘红制药有限公司、化州市赖李园橘红有限公司、化州市橘州化橘红开发有限公司。化橘红全产业从业人员 35 万人，整个化橘红产业产值约 35 亿元。

（2）化橘红产业结构分析

化橘红全产业主要参与者有农资商、种植户、收购商和加工企业。种植户从村委会、居委会或政府手中支付租金拿到土地使用权，从农资商手中购买种苗、药品、化肥等生产物资，再投入种植当中。生产的鲜果有两种销售途径，一是通过收购商直接销售鲜果；二是自行烘干自行储存，以陈年干果的形式销售给加工企业等。

加工企业向收购商收购鲜果，统一加工、储存。销售时从仓库中提取所需年份的干果进行加工。简单的浅加工有切片、烘干方式，然后冲泡成化橘红饮品；深加工可制成化橘红中成药、化橘红口服液、化橘红酒等。化橘红产业链如图 1－10 所示。

---

① 数据来源于 2021 年化州市农业农村局提供的《化州市化橘红产业发展情况》。

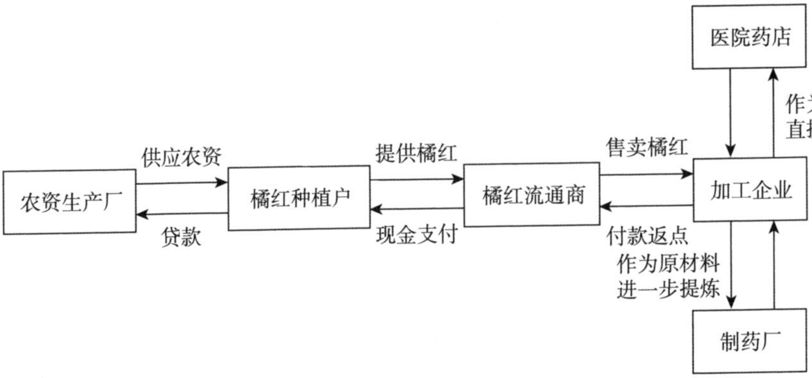

图 1－10　化橘红产业链

2. 化橘红产业资金需求测算

（1）农资商资金需求分析

目前化州市内化橘红种植规模接近饱和，化橘红生长所需的礞石礞矿山地已开发殆尽，化橘红种植面积很难出现大规模的增长。农资商的日常业务以销售药物、肥料为主。以化橘红种植面积 11 万亩，每亩地药物、肥料投入 700 元/年为基础，估算得出化州市内化橘红农资商销售额约为 7700 万元。信贷投放资金按营收的 10% 估算，则预计信贷规模可达 770 万元。每亩化橘红种植收入及成本构成情况如表 1－12 和图 1－11 所示。

表 1－12　　每亩化橘红种植成本收入一览　单位：斤、元、元/斤

亩产	收购价	收入	成本	分项成本					利润	备注
				租金	人工	肥料	药物	其他		
2000	4	8000	2600	100	1260	700		540	5400	1. 树苗栽种后的前四年每亩的成本为 6000 元（袋苗 40 元/株）；7—8 年为丰收高峰期。 2. 每亩地种植 35 棵树。 3. 施肥、药物约 20 元每棵树。 4. 人工成本每人每月 3000 元。 5. 规范化平均人管 20 亩

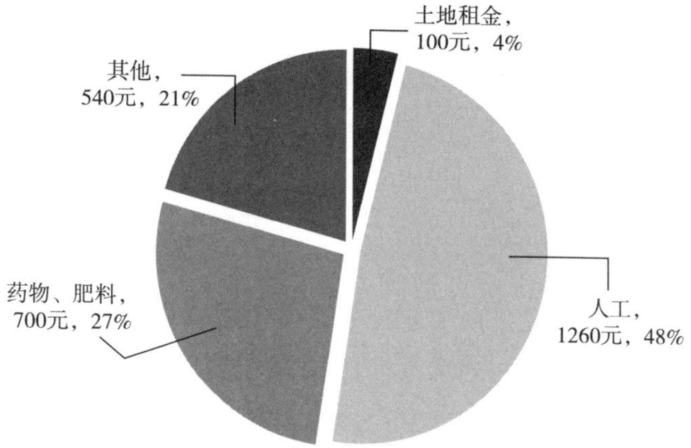

图1－11　每亩化橘红种植成本构成

（2）种植户经营概况及资金需求分析

化橘红从种植到挂果需要两到三年，挂果之后产量会逐年增长，果实越来越多，到第七年或第八年达到产量峰值。前四年的投入每亩6000元，其中，每亩地35棵树，每颗树苗成本约40元，一亩地需投入成本1400元的树苗。前四年投入的成本在瓜果的前两年可收回，第四年之后的成本可以控制在2600元/亩，鲜果直接销售收入约为8000元，利润可达5400元左右，第四年之后的单年毛利率可以达到200%以上。

总体上，化橘红种植户的融资需求不大，种植环节的12亿元产值对应现有已投放信贷资金只有855万元，发放的信贷资金仅占总营收的0.7%。化橘红种植中的资金需求体现在两个方面，一是挂果期之前有长达四年来栽树、育苗，相当于一个固定资产投入、建设的过程；二是在挂果之后，仍需要投入资金购买药物肥料、雇用工人进行持续维护。由于化州市化橘红种植面积不会出现大规模增长，对前种资金需求不会特别大，难以进行产业化、规模化的估算。在挂果期后，一般种植户可以稳定收获200%以上的毛利率，基本上可以自有资金维持下一年的运作，不需要信贷资金的大规模支持。

（3）加工企业经营概况及资金需求分析

加工企业直接或间接从果农手中收购鲜果，鲜果需在10天内进行烘干成干果，烘干过程需三至四天，干果的重量约为鲜果的1/5。

据调研，化橘红的药用价值会随年份的积累而增加，其售价也会水涨船高。一个20克左右20年以上的橘红干果出厂价可达300元，约合1.5万元/千克，终端售价可达到1800元/个。化橘红企业在自身仓储能力范围之内可尽量收购市场上的化橘红鲜果、干果，以备自身生产使用或是储存起来以待升值。资金需求量比较大，按化橘红加工环节总产值23亿元的15%估算，银行信贷投放资金量可达3.45亿元。

3. 化橘红产业链资金需求概述

根据上述对化橘红各环节的金融需求分析可得如表3－6所示的信息，根据调研信息，考虑到政府对化橘红相关基础设施建设的投入金额约为2亿元，按照项目自有资金和信贷资金三七分的比例，银行预期可投放资金约为1.4亿元。具体如表1－13所示。

表1－13　化橘红产业资金需求　　单位：亿元

主体	产值/投资额	预期可投放	实际已投放	资金需求	备注
农资商	0.77	0.08	0	0.08	按产值的10%测算
种植户	12.00	0	0.09	0	种植环节毛利率约200%，资金需求很小
加工企业	23.00	3.45	3.10	0.35	按产值的15%测算
基础设施建设	2.00	1.40	0	1.40	政府基础设施建设主要集中在展示中心、公共仓储中心、烘干中心等
合计	37.77	4.93	3.19	1.83	—

（三）乡村振兴服务模式——农业生产托管

1. 农业生产托管模式

（1）农业生产托管概述

农业生产托管是农户等经营主体在不流转土地经营权的条件下，

将农业生产中的耕、种、防、收等全部或部分作业环节委托给农业生产性服务组织完成的农业经营方式。根据《农业部办公厅关于大力推进农业生产托管的指导意见》，推进农业生产托管有着重要意义：一是有利于引领普通农户参与农业现代化进程。随着农村青壮年劳动力大量外出务工，农业劳动力呈现出老龄化、兼业化趋势，有的地区出现了农业劳动力短缺。发展农业生产托管，可以通过服务组织的专业化服务将先进适用的品种、技术、装备等要素导入农业生产，切实解决小农经济经营方式粗放、生产效率低下等问题。二是有利于促进服务规模经营发展。开展农业生产托管，通过服务组织提供专业化、规模化服务，形成了既不流转土地经营权，又能发展适度规模经营的新路径，满足了一些农户继续从事家庭经营的愿望，同时让农户分享到规模经营的收益。三是有利于促进农业节本增效。通过开展托管服务，服务组织可以集中采购农业生产资料，降低农业物化成本；可以采用先进农作技术，充分发挥农业机械装备作业能力，降低生产作业成本；可以采用新品种、实行标准化生产，提高农产品产量和品质，实现农业节本增效。四是有利于推进农业绿色生产发展。农业绿色发展是一项长期战略任务。专业化的农业生产托管服务组织技术装备先进，统防统治、科学施肥等绿色生产技术的应用推广能力强，可以有效克服部分农户缺乏科学使用农资、绿色防控病虫害等先进技术的困难，实现“一控两减三基本”目标任务，促进农业绿色生产和可持续发展。

（2）化州市农业生产托管模式

按照广东省农业农村厅工作部署，2021 年 2 月 26 日，化州市人民政府印发了《化州市 2021 年农业生产社会化服务项目实施方案》的通知（化府〔2021〕9 号），率先在全省开展推广农业生产托管。经过不断的探索实践，市农业农村局设立农业生产托管服务中心，公开遴选引入 4 家农业生产社会化服务主体，创新以“村集体整合集中 + 生产托管”“经营权入股集中 + 生产托管”“托管员 + 生产托管”三大模式，托起小农户融入大农业。

模式一：“村集体整合集中 + 生产托管”。村党支部充分发挥战斗堡垒的作用，做好农户的组织协调动员工作，首先将耕地资源集中，然后打破田埂，统一修复整机耕路、排灌水渠等土地整合整治工作，实现土地“小块”变“大块”，提高了机械化作业效率。土地整治后，由村集体将土地流转到经营主体，经营主体再委托服务组织进行“耕、种、防、收”等环节的农业生产托管。那务镇那冰村整合华坡、清水垌、白鸽坡等 18 个经济社的 627 亩耕地、其中撂荒地 200 多亩，地块数由原来的 783 块减少到 183 块，单个地块面积由原来平均 0.8 亩整合为 3.4 亩，消除了“插花地”，实现机耕路“从无到有”，科学设置了排灌等设施，便于机械化集中连片托管作业。此模式适用撂荒耕地多、村集体闲置地较多的村。

模式二：“经营权入股集中 + 生产托管”。村集体引导农户先将土地承包经营权预流转到经济社，经济社再将土地承包经营权流转到村经济联社。村经济联社以土地经营权入股的形式，与经营主体开展股份合作经营，利益分配实行“保底收益 + 增产分红”的经营方式。合江镇大石头村形成了“农户 + 组级经济社 + 村级联合社 + 服务主体”的利益联结，经营主体确保每年 550 元/亩兜底收益给村经济联社，收益由村经济联社进行统一分配：农户 500 元/亩、组级经济社 30 元/亩、村级经济联合社 20 元/亩；当水稻产量超过 1100 斤时，超过部分采取 1:1 比例进行增产分红（经营主体与村集体各占 50%）。此模式适用于土地细碎分散、农户耕作意愿不高的村。

模式三：“托管员 + 生产托管”。依托“市级生产托管服务中心 + 镇级托管服务站 + 村级托管员”的三级服务协办体系，通过村党支部充分发挥战斗堡垒作用，指导村经济社做好农户的政策宣传、教育引导等工作，使农业生产由过去的品种不统一、植期差异大等分散生产模式，转变为现在的统一品种、统一植期、统一栽培管理、统一病虫害防治、统一收获期的“五统一”生产模式，有利于实现农业生产托管的集中服务，降低了生产服务成本。村级托管员负责收集和整合当地农户的农业生产托管服务需求，统一签订托管服务委托合同，统一在粤农服托管助手下单，以及对接服务组织开展生产托管服务作业，有效降低了沟通成本，提高了生产托管服务效率。鉴江百室堂村在村党支部引领下，推行“五统一”农业生产方式，并实行“托管员+生产托管”的模式。村级托管员组织本村512户农户、整合了1150亩水稻生产托管需求，由茂名市瑞达农业发展有限公司开展“耕、种、防、收”等环节的生产托管服务，有效破解了该村劳动力不足的难题，实现整村土地“零撂荒”，每亩实现节本增收170多元。此模式适用小农户多、农户耕作意愿强的村。

2021年全市完成农业社会化服务6万亩，带动全市农业生产托管面积23万亩，完成撂荒地复耕复种5.1万亩，新增高标农田3.72万亩。

2. 农业生产托管资金需求测算

（1）农村集体经济组织资金需求分析

农村集体经济组织资金需求主要在一年早稻、晚稻托管服务环节，主要用于支付托管服务费，农业服务企业目前大部分的托管服务的农作物为水稻，价格如表1－14所示。

表1－14　　2021年农业生产托管服务价格一览（水稻）　　单位：元/亩

序号	托管类型	作物类型	补贴后价格
1	机耕	水稻	80
2	育秧	水稻	80
3	机插秧	水稻	52
4	机直播（不含种子）	水稻	16
5	机封草（不含药剂）	水稻	10
6	机封草（含药剂，2次）	水稻	35
7	机施肥（不含肥料）	水稻	16

续表

序号	托管类型	作物类型	补贴后价格
8	统防统治（含药剂）	水稻	38
9	统防统治（不含药剂）	水稻	10
10	机收	水稻	80
11	秸秆切碎	水稻	16
12	烘干（元/吨）	水稻	160
13	双环节（机耕＋机收）	水稻	160
14	双环节（机耕＋病虫统防统治）	水稻	180
15	双环节（病虫统防统治＋机收）	水稻	180
16	多环节（机耕＋病虫统防统治＋机收）	水稻	260
17	多环节（机耕＋育秧＋机插秧＋施肥＋施药＋机收）	水稻	650
18	全程机械化托管	水稻	680

每亩水稻全程托管费用680元，有些开荒难度大、引水不通的田埂，托管服务费相应提高，每亩约800元；每亩水稻市政府补贴100元/亩，其中，农户90元，服务公司10元。以种植水稻为例：早稻从4月中旬开始育苗，8月初成熟收割，大约104天，晚稻在8月下旬开始插秧，11月进行收割。水稻种植成本收益如表1－15所示。

表1－15　　水稻种植成本收益

水稻亩产（斤）	种植成本（元/亩）	售价（元/斤）	收益（元/亩）	一年平均利润（元/亩）
1000	800	1.5—1.8	1500—1800	1600

（2）农业托管服务企业资金需求分析

农业托管服务企业资金需求也是在一年早稻、晚稻托管服务环节，主要购买农资、支付劳务费，以托管水稻为例，其托管服务利润如表1－16所示。

表1－16　　2021年农业生产托管服务利润（水稻）　　单位：元/亩

托管价格	农资（施肥等）	劳务（机收割）	收益	政府补贴	最终利润
800	650	60—80	70	10	80

2021 年农业生产托管服务数据统计如表 1－17 所示。

表 1－17　　2021 年农业生产托管服务汇总

主体	托管订单	订单数量（单）	订单总额（元）	服务地块面积（亩）
公司 A	已结清订单	121	3140985	31707.40
	待支付订单	4	92984	824
	待服务订单	2	89296	1141
	合计	127	3323265	33672.40
公司 B	已结清订单	67	2682269.85	32949.35
	待支付订单	6	223639.20	2795.69
	待服务订单	5	100246.40	1255.48
	合计	78	3006155.45	37000.52
公司 C	已结清订单	67	2300386.40	14489.6
	待支付订单	9	317703.28	1758.70
	待服务订单	4	124328.80	736.40
	合计	80	2742418.48	16984.70
公司 D	已结清订单	19	640808	4707
	待支付订单	5	203328	1300
	待服务订单	1	48576	320
	合计	25	892712	6327

托管中心统计如表 1－18 所示。

表 1－18　　2021 年农业生产托管服务订单统计

托管订单	订单数量（单）	订单总额（元）	服务地块面积（亩）
已结清订单	274	8764449.25	83853.35
待支付订单	24	837654.48	6678.39
待服务订单	12	362447.20	3452.88
合计	310	9964550.93	93984.62

根据以上统计可以看出，2021 年农业生产托管服务订单 310 单，订单总额约 996 万元，服务地块面积约 9.3 万亩，每年呈增长趋势，信贷投放资金按订单需求总额的 50% 估算，则预计新增信贷规模可达 500 多万元，未来 3～5 年农业生产托管资金需求预计在 2000 万元左右。

（四）乡村振兴特色产业——其他特色优势产业

根据上文的表1－2可知，化州市产值较大的前十个产业总产值之和约为154亿元，约占化州市农牧渔林总产值的68.67%，其中，罗非鱼产值为27.69亿元，化橘红产值约为35亿元。根据本章的测算，罗非鱼和化橘红两产业的新增银行资金需求分别在4.95亿元、1.83亿元，分别占产业产值的17.88%、5.23%。考虑到其他产值较大的特色优势产业的发展水平和商业化程度较罗非鱼和化橘红总体要低，其产业资金需求量和所占产业产值的比例也不可避免地要低于罗非鱼和化橘红两个产业，比如农业生产托管需求约为0.2亿元。但无论如何，整个化州市特色优势产业的资金需求都将超过罗非鱼和化橘红两个产业的融资需求，也即化州主要农业产业融资需求总额超过7亿元。

四、化州市乡村产业振兴金融产品方案

（一）乡村产业振兴金融产品设计原则

上述章节从多方面、多角度分析了化州市目前的发展现状，不难看出，化州市的经济活力蓬勃，潜力强大。但化州、茂名乃至全国农村地区的金融机构普遍存在存贷比低、有钱放不出去的问题。与之相对的，则是乡村中的数字化升级改造等项目难以获得资金支持。这证明现有的金融框架难使乡村金融需求得到满足，无法使产业获得发展、使金融机构获利，形成了双输的困局。表1－19是调研组对茂名地区银行业支持乡村振兴金融产品的调研情况，显然，茂名地区银行业信贷产品需要进行“一次重构，三次赋能”。

表1－19　调研组对茂名地区银行业支持乡村振兴金融产品的调研情况

细分领域	金融机构或组织	案例	特点
乡村生态	中国农业发展银行	乡村生态振兴	河道及地下水体整治、污染防范项目，围绕保障农产品质量和人居环境安全，支持土壤污染修复、生态修复项目。聚焦改善城乡居民居住条件，支持保障性住房建设项目。围绕美丽乡村建设，支持农村垃圾处理、污水治理、厕所革命、村容村貌提升等民生项目。围绕蓝色海湾整治行动，支持海域、海岸线海岛等海洋生态资源保护性开发
扶贫	邮政储蓄银行	脱贫人口小额贷款	与乡村振兴主管部门合作，由县级以上（含）层级主管部门政策文件指挥，向遵纪守法、诚实守信、有劳动能力和创业愿望的建档立卡脱贫人口、边缘易致贫户等发放的，用于支持其创业就业、巩固脱贫成果等经营性用途的贷款
种植业	信宜农商行	药贷宝	满足从事南药种植、加工、销售和配套产业经营主体资金需求所提供的一项贷款增值服务。循环使用、随用随贷、节省利息
		李贷宝	满足三华李种植、加工、销售和配套产业经营主体资金需求所提供的一项贷款增值服务。循环使用、随用随贷、节省利息
养殖业	化州农商行	生猪贷	向本市辖区内从事生猪养殖的经营者发放用于生猪养殖生产资金的贷款

1. “乡村产业振兴＋产业链”，以全产业链视角重构金融产品设计

传统的贷款产品设计思路通常是以第二还款来源为设计出发点，以住房抵押为出发点就有了“住房抵押宝”，以专利质押为出发点就有了“知识产权宝”。这些产品有着更加普遍的适用性，在进行市场推广时有着广大的客户来源，有利于快速推广。在市场快速增长、还没有饱和的时候可以凭借着普适性快速抢占市场资源。一方面，在市场几乎饱和、存量竞争激烈的今天，传统产品之间陷入了同质化的恶性竞争；另一方面，传统产品对于第二还款来源的强硬要求与农村、农民土地、自建房难以交易和抵押，缺乏强抵押强担保的现状相冲突。

针对乡村振兴的发展特点，结合农村农户的经营现状，金融机构在

进行产品设计的时候应当着眼于从产业的现状及产业的运作模式出发，设计出符合产业运作逻辑、能够恰到好处地满足客户需求的贷款产品。这样的产品虽然目标客户并不是非常广泛，会局限在某一个行业的从业者里面，但会比传统产品更加有竞争力，更加贴合乡村实际的金融需求，同时也能对于特定行业配套对应的风控措施，如“资金闭环管理”、林权质押、水面权质押等。从产业视角出发设计出来的产品可以更加贴合乡村生产的需要，激活沉睡的农村资产，深入推动乡村振兴战略。

2. “乡村产业振兴＋资金闭环”，以资金闭环的管理策略赋能风险管控

从产业视角出发，意味着不能再过度关注第二还款来源，在不依赖抵押、担保的情形下，就需要有一种全新的风险管理方式来从第一还款来源出发，了解贷款方，特别是农户经营者的资金运作，以保证资金的安全。“贷款资金闭环管理运行”模式，即农户经营者原则上须将售货所得款项按照银行、农户及收购方的三方协议约定存入其在农商行名下的账户，并优先将农产品出售所得款项归还贷款资金（在农产品成熟收购时点，农户应联系银行客户经理采取现场驻点或远程账户监管等手段，确保出售农产品的款项足额在农商行账户进行结算）。如选择不优先归还贷款资金，须转为贷款保证金，该保证金在借款人完全结清贷款后可解冻。如农户需进行物资采购等资金使用，在前一次贷款已确保本息已全部归还的情况下可自主支付，否则仍需按照受托支付执行。如农户经营者不按照协议履行“贷款资金闭环管理运行”相关约定，银行保留采取提高贷款利率、纳入授信“黑名单”或者提前收回贷款等确保资产安全等必要措施的权利。

3. “乡村产业振兴＋大数据”，以大数据赋能信贷审核

大数据赋能信贷审核是指运用大数据收集客户信用信息，构建风险模型对借款人进行风险评估。与传统风控用人工经验对借款人进行分析不同，大数据信贷审核在收集大量借款人的各项指标数据进行分

析比对的基础之上，再用数据建模得出的结果显得更加科学有效。因此，大数据信贷审核具有数据维度广、数据时效性强、分析结果准确度高等特点。金融机构利用大数据技术手段，依托互联网信息平台能够更加科学、智能地实现对企业和个人的授信，通过收集到的信用数据，综合评估借款人的信用分数、还款能力以及贷款额度，金融机构在提高风险识别能力的同时也能够加快授信审批效率，有望实现降低成本和有效进行风险防控的双赢。

4. “乡村产业振兴＋移动信贷”，以移动零售信贷赋能客户服务

传统的贷款办理，由于需要多位保证人签约，需要在网点现场办理录音录像，一些居住在较为偏远的山村的农民或是海港的渔民在办理贷款时会面临往返消耗的很多时间成本、路费，少不了让客户“嫌麻烦”，从而望而却步，失去了在银行办理贷款业务的意愿，移动零售信贷的出现恰巧解决了乡村振兴中推行信贷业务所遇到空间上的问题。

一方面，移动零售信贷有利于节约办贷成本，提高办贷效率。相比传统的小额信贷办理方式，移动零售信贷能够在一定范围内取代纸质申请表。以往客户在填写申请资料及纸质证明材料时，需要提供大量的纸质材料，往往会浪费大量的人力、物力和时间。而现在客户经理通过使用移动终端进行业务活动，将借款人、担保人、抵质押物、企业股东、高管的信息直接以文字、图片、视频、音频的形式录入移动信贷中，可以减少农信社的纸质申请表、各类身份证、证明材料的复印成本，加快了业务的办理流程。

另一方面，有利于农信社转变经营模式，提高客户体验度。移动零售信贷是农信社改变传统、适应互联网高科技发展态势下新的金融发展模式。传统的小额信贷受理时效性较低，客户不能实时查看自己申请的状态，业务受理端的风险管理系统支持薄弱，且纸质申请表极易造成客户信息的外泄，从而对客户和企业造成损失。移动零售信贷实现业务现场办理，大幅度提高了小额贷款的业务效率。移动零售信贷极为重视

客户隐私保护，通过设置多重“防护网”，有效防止业务违规操作，客户可随时查看自己申请贷款的进度，有效减少了恶意骗贷的行为，大大提高了客户的体验度。

通过上述四个方面的更新，从“设计理念”“风控策略”到“授信审核”“营销管理”，从抽象到具体，从产品指引的设计，到放款时签订的收款账户使用协议，到数据分析授信模型，再到客户经理手中移动设备，对信贷方式进行了全方位的升级改造，这样的产品可以充分迎合当下的市场需求，从四方面解除金融的束缚，使金融活水可以从银行的水库中源源不断地流出，灌溉化州农业农村经济发展，使乡村振兴的这棵“大树”得以焕发新生。

（二）乡村产业振兴主要金融产品方案

考虑到化州市各优势特色产业的产值大小、发展水平和商业化程度，本节内容以化州市产业最大、发展水平和商业化程度最高的罗非鱼和化橘红为例，介绍金融机构针对这两个产业链各环节经营主体的产品设计思路和具体要素（见表1－20）。其他特色优势产业的金融产品设计可参考这两个产业的产品设计思路和上述原则。

表1－20　　罗非鱼和化橘红产业金融产品

序号	产业	金融产品
1	罗非鱼	“1＋N”饲料贷产品
2		卡贷宝之罗非鱼贷
3		罗非鱼流通贷
4		罗非鱼加工贷
5	化橘红	化橘红贷
6		化橘红加工贷
7		化橘红流通贷
8		化橘红仓储贷
9		化橘红烘干贷

1. 罗非鱼产业链主要金融产品

为有效支持罗非鱼产业链振兴发展，针对罗非鱼产业链的不同环节可以进行集体授信。根据图 1－12 罗非鱼产业链的不同环节，我们应当设定不同的授信方案，使信贷资金的管理更加贴合养殖户、罗非鱼生产企业的实际经营生产需要，在有效帮扶企业、农户的同时，对资金需求的合理性做到严格把控，从而保证资金的安全性。

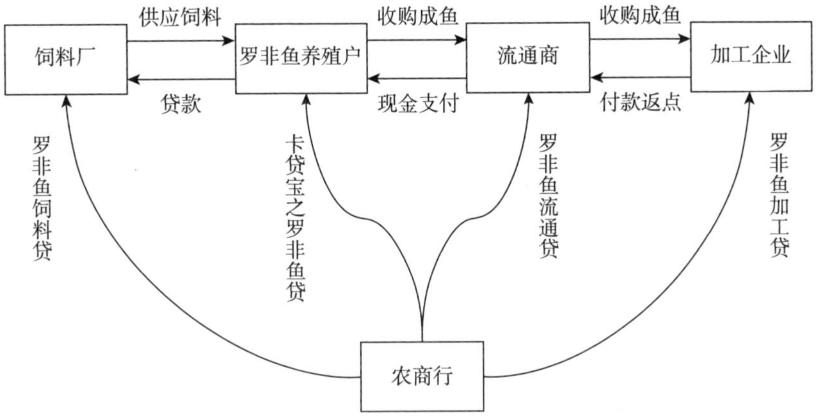

图 1－12　罗非鱼产业金融产品示意

（1）针对饲料供应商的产品："1 + N" 饲料贷

饲料厂商和养殖户之间存在着很多的赊销行为，赊销给交易双方都带来了不小的负担。对于这样的现状推出的"1 + N"饲料贷，可以帮助饲料商、养殖户双方减轻压力，帮银行提高贷款业绩，实现三方共赢，具体操作指引如表 1－21 所示。

表 1－21　"1 + N" 饲料贷产品操作指引

项目	概述
产品名称	"1 + N" 饲料贷
适用客群	本产品适用于经核心企业审核推荐，真实与核心饲料商产生供应或购销关系的企业与个人
贷款用途	用于流动资金，严禁流入房地产等禁止领域

续表

项目	概述
贷款额度	最高500万元
贷款期限	原则上不得超过5年
还款方式	自助循环、协议还款、按月付息到期还本
担保方式	必须执行的担保方式： 借款人与核心企业因赊销关系形成的应收账款债权作质押担保，市场方或核心企业提供连带责任保证担保。 可以选择的担保方式：1. 借款人配偶需提供连带责任保证担保；2. 借款人企业的法定代表人提供连带责任保证担保；3. 抵押、质押；4. 其他担保
担保额度核定、用信及监控原则	（一）核心企业担保总额度（G）核定标准须符合下列3种计算方式任一种： 1. 核定方式一：G＝［（A1－D1）－H］； A1：报告时点的客户资产总额； D1：报告时点的客户负债总额； H：报告时点客户对除关联公司外的第三方对外担保金额。 2. 核定方式二：G≤抵押物评估价值×0.9。 3. 核定方式三：G≤保证金金额。 （二）核心企业担保总额度（G）分阶段用信原则： 1. 与核心企业初次合作时，用信额度不超过G的50%，当整体用信额度接近G的50%时，应就存量N企业的总体情况作阶段性分析，并提交申请开放剩余的50%； 2. ①该项下产品不良率连续90天超过2%的，则针对该市场方或核心企业的项下产品暂停新增；②贷款担保总额度（G）在项下存量贷款存在欠息或逾期的情况下，不能申请开放剩余额度； 3. 若核心客户在公司部贷款被压降额度的，该项下产品贷款只减不增； 4. 核心企业对N企业担保总额不能超过其净资产金额； 5. 核心企业对单个客户最高担保额不能超过自身净资产的10%。 （三）核心企业担保总额度（G）定期监控原则 1. 贷款总额度（G）一年核定一次，若再核定时G值小于存量贷款总额，则该项下产品只减不增； 2. 对核心企业进行定期现场监控、定期征信监控、定期第三方不良信息监控，若出现风险预警，则该项下产品贷款不再新增

（2）针对养殖户的产品：卡贷宝之罗非鱼贷

从乡村振兴的产业链视角出发，聚焦农户的第一还款来源，可对罗非鱼养殖户采用资金闭环管理的方式代替强担保，以此加强风险管控从而对养殖户发放贷款，助力罗非鱼产业发展，卡贷宝之罗非鱼贷产品操作指引具体如表1－22所示。

表 1－22　　卡贷宝之罗非鱼贷产品操作指引

项目	概述
产品名称	卡贷宝之罗非鱼贷
产品定义	向位于本行服务辖区内从事罗非鱼养殖的经营者发放的用于罗非鱼养殖生产资金的“贷款资金闭环管理运行”式信贷业务
适用客群	在化州市有常住户口或合法居住证件的罗非鱼养殖经营者，包括罗非鱼养殖农户、个体工商户、企业或其他主体的负责人（代表人）
贷款用途	用于罗非鱼养殖、购料或其他养殖方面的生产经营周转资金用途，用途必须背景真实，符合我国的法律、法规规定和国家监管机构的有关规定，不得用于禁止性相关贷款用途
贷款额度	应与借款人养鱼规模相匹配，保证借款人还款能力，确保贷款资金专款专用，授信额度原则上参考以下标准确定： 1. 鱼塘面积：100 亩（不含）以上，最高可授信金额：300 万元； 2. 鱼塘面积：51～100 亩（含）以上，最高可授信金额：100 万元； 3. 鱼塘面积：41～50 亩（含）以上，最高可授信金额：50 万元； 4. 鱼塘面积：31～50 亩（含）以上，最高可授信金额：40 万元； 5. 鱼塘面积：30 亩（含）以下，最高可授信金额：30 万元。
贷款期限	贷款支行应根据借款人业务发展周期，合理设定贷款期限，可根据养鱼产业资金回笼周期情况选择循环卡贷宝或分期卡贷宝，循环卡贷宝最长期限不超过 3 年，分期卡贷宝最长期限不超过 5 年
还款方式	根据所在服务区域的罗非鱼养殖特有经营模式采取“贷款资金闭环管理运行”，即农户经营者原则上须将卖鱼所得款项按照银行、农户及收鱼方的三方协议约定存入其在农商行名下的账户，并优先将卖鱼所得款项归还贷款资金（在收购罗非鱼时点，农户应联系银行客户经理采取现场驻点或远程账户监管等手段，确保卖鱼款项足额在农商行账户进行结算）。如选择不优先归还贷款资金，须转为贷款保证金，该保证金在借款人完全结清贷款后可解冻。如农户需进行物资采购等资金使用，在前一次贷款确保本息已全部归还的情况下可自主支付，否则仍需按照受托支付执行
用款方式	具体用款方式如下： 1. 循环卡贷宝。由借款人线下申请，在授信期限内可循环使用授信额度，随借随还，按月还息到期还本； 2. 分期卡贷宝。由借款人线下申请，在授信期限内可一次或分次使用授信额度，按月等额本息归还。 如农户经营者不按照协议履行“贷款资金闭环管理运行”相关约定，银行保留采取提高贷款利率、纳入授信“黑名单”或者提前收回贷款等确保资产安全等必要措施的权利
风险管理	信用或保证，其中以信用方式发放的单户授信金额不超过 50 万元

（3）针对收购商（鱼佬）的产品：罗非鱼流通贷

针对罗非鱼收购商（鱼佬）资金运用灵活多变、贷款期限由市场行情决定、无法提前确定还款时间点的特点，可以对收鱼佬发放循环式的流动资金贷款。贷款利率可以根据实际需求实行“波段计息”，即在旺季利息高，淡季利息低。罗非鱼流通贷产品操作指引具体如表1－23所示。

表1－23　　罗非鱼流通贷产品操作指引

项目	概述
产品名称	罗非流通贷
产品定义	本行向位于本行服务辖区内从事罗非鱼流通商发放的用于补充罗非鱼收购流通资金的循环式信贷业务
适用客群	在化州市有常住户口或合法居住证件的罗非鱼流通商
贷款用途	用于罗非鱼捕捞、收购、运输领域补充流动资金，用途必须背景真实，符合我国的法律、法规规定和国家监管机构的有关规定，不得用于禁止性相关贷款用途
贷款期限	贷款支行应根据借款人业务发展周期，合理设定贷款期限，一般不得超过3年。借款人第一次用款的借据起始日为循环贷款业务期限的起始日，每次用款的贷款到期时间可延长至循环贷款业务期限终止日起半年内（含），但单笔业务期限不超过循环贷款业务期限
还款方式	采用受托支付或自主支付，还款周期视实际情况决定
担保方式	以资金闭环管理为主，可同时采用抵押担保或质押担保等担保方式

（4）针对加工企业的产品：加工贷

罗非鱼加工企业的金融需求有两方面，一是收购罗非鱼成鱼、冷库储存的流动资金开支。二是加工设备采购的固定资产投资，对此匹配“罗非鱼加工贷”，罗非鱼加工贷产品操作指引具体如表1－24所示。

表1－24　　罗非鱼加工贷产品操作指引

项目	概述
产品名称	罗非加工贷
适用客群	服务于租地自建自用厂房或厂房一次性全额支付租金作自用的罗非鱼工业企业或其控制人

续表

项目	概述
风控红线	（一）客户准入红线 1. 企业客户须成立1年（含）以上或实际控制人有同一行业1年（含）以上相关工作经验，营业执照、组织机构代码证及税务登记证在有效期内。 2. 个人客户，年龄在18周岁（含）以上60周岁以下，具有完全民事行为能力的中国公民。 3. 借款人需能顺利通过内评系统预筛选模型及决策模型。 （二）额度核算红线 1.（测算值A）不得超过借款人与经营相关的结算账户年度有效银行贷方流水累计发生额的30%。年度有效银行贷方流水额可按相关账户近3个月有效银行贷方流水额的4倍计算，而有效银行贷方流水额需为剔除关联交易、贷款发放等形成的无效银行贷方流水额，能反映借款人真实经营情况的银行贷方流水额。 2.（测算值B）不得超过实际剩余租赁期限预计转租租金净收入的70%，租金净收入指当期租金收入扣除当期土地租金、物业管理费用等相关支出后的净收入，若土地剩余租赁期限超过10年，则最高计算年限为10年，若土地剩余租赁期限低于10年，则以实际剩余租赁期限预计转租净租金收入的70%计算。 3. 测算值A与测算值B以孰低原则取较低数值，即为贷款额度核定的最高上限。 （三）厂房建筑物红线 1. 新增及存量新增贷款准入： ①厂房的土地剩余租赁年限不得少于贷款到期日起5年； ②厂房必须是借款人自用，且经营行业必须是制造业； ③用信必须满足：签订三方转租协议或签订双方协议并需要土地出租方出具同意转租意见书。 2. 存量贷款准入：存量复用不低于上一次贷款的审批要求且厂房的土地剩余租赁年限不得少于贷款到期日起3年
贷款用途	仅限于作流动资金或购建固定资产用途
贷款额度	贷款额度1000万元（含）以下
贷款期限	贷款期限原则上不超过3年
还款方式	按生产阶段规划，逐步多次提取贷款、逐笔归还贷款、额度内循环使用贷款
担保方式	以资金闭环管理为主，可同时采用抵押担保或质押担保等担保方式

2. 化橘红产业链主要金融产品

化橘红作为广东省的特色中药资源、化州市地理标志农产品之一，被列为“中国十大南药”“四大广药”之一，其产业链条较长，各商事主体经营情况稳定，资金需求潜力巨大。化橘红产业金融产品示意如图 1－13所示。

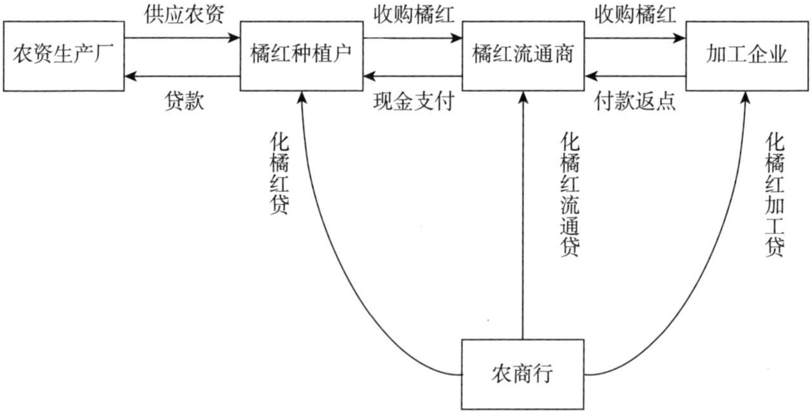

图 1－13　化橘红产业金融产品示意

（1）针对化橘红种植户的产品：化橘红贷

化橘红种植户的产值规模庞大，普遍现金流良好，化橘红种植的利润率颇高，对于种植户的市场，可以推出一款“化橘红贷”来提高营销的精确性。该款产品在用款上，按树木成长的自然规律，自动放款，按天计息，可自由安排还款时间，操作如表 1－25 所示。

表 1－25　化橘红贷产品操作指引

项目	概述
产品名称	化橘红贷
产品定义	是指对化州市辖内橘红产品种植、加工、销售等的经营主体发放的用于借款人日常经营的人民币贷款
适用客群	适用于经营橘红产品种植、加工、销售的个人和企业。其中，个人类的贷款主体为化州市辖内经营橘红个体工商户、个人独资企业投资人和合伙企业合伙人；也可以是无经营实体但能提供有效用以证明其合法、正常经营橘红的自然人。企业类的贷款主体包括在工商行政管理局合法注册登记的企（事）业法人
贷款用途	用于经营橘红产品种植、加工、销售等环节过程中流动资金需求，严禁贷款资金转移用于其他用途

续表

项目	概述
贷款期限	根据借款人的销售经营周期和还款能力合理确定，原则上对于贷款用于橘红种植的，贷款期限最长不得超过5年，其他用途贷款期限不得超过3年
贷款额度	1. 个人额度最高不超过200万元； 2. 企业额度最高不超过1000万元
担保方式	1. 可采用抵押担保或质押担保等担保方式； 2. 企业：法定代表人、股东、实际控制人及重要关系人提供连带责任保证； 3. 个人：配偶、重要关系人及经营实体（若有）提供连带责任保证

（2）针对加工企业的产品：化橘红加工贷

在化州，化橘红加工环节有着不少行业领头人，如化州化橘红药材有限公司、化州市南国橘红制药有限公司、化州市赖李园橘红有限公司、化州市橘州化橘红开发有限公司。它们经营良好、盈利稳定，乃至准备上市。这些优质化橘红企业通常有着大量的化橘红干果库存，可设置专门的帮扶贷款“橘红加工贷”，允许它们以库存的化橘红干果作为抵押物，化橘红加工贷产品操作指引如表1－26所示。

表1－26　　化橘红加工贷产品操作指引

项目	概述
产品名称	化橘红加工贷
产品定义	指对化州市辖内橘红产品仓储经营主体发放的用于借款人日常经营的人民币贷款
适用客群	贷款主体主要是经营橘红产品加工的在工商行政管理局合法注册登记的企（事）业法人
贷款用途	用于经营橘红产品收购、加工、销售等环节过程中流动资金
贷款额度	贷款额度1000万元（含）以下
贷款期限	原则上不超过3年
担保方式	采用抵押担保或质押担保等担保方式，可以化橘红干果的仓储凭证作为质押物，按干果的数量年份以及市场价格核定抵押物价值

（3）针对化橘红流通商的产品：化橘红流通贷

化橘红流通商每年季节性资金需求大，可以设置分段计息、额度循环等方式，使贷款资金的需求更加符合客户的需要。分段计息可在旺季利息高以赚取利润，淡季利息低以保持市场，化橘红流通贷产品操作指引如表 1－27 所示。

表 1－27　　化橘红流通贷产品操作指引

项目	概述
产品名称	化橘红流通贷
产品定义	本行向位于本行服务辖区内从事化橘红流通的个人或企业发放的用于补充化橘红收购流通资金的循环式信贷业务
适用客群	适用于从事化橘红流通领域的个人和企业
贷款用途	用于化橘红流通经营者采摘、收购、运输化橘红等用途，用途必须背景真实，符合我国的法律、法规规定和国家监管机构的有关规定，不得用于禁止性相关贷款用途
贷款额度	贷款额度 500 万元（含）以下
贷款期限	原则上不得超过 3 年。借款人第一次用款的借据起始日为循环贷款业务期限的起始日，每次用款的贷款到期时间可延长至循环贷款业务期限终止日起半年内（含），但单笔业务期限不超过循环贷款业务期限
担保方式	1. 可采用抵押担保或质押担保等担保方式； 2. 企业：法定代表人、股东、实际控制人及重要关系人提供连带责任保证； 3. 个人：配偶、重要关系人及经营实体（若有）提供连带责任保证

（4）针对化橘红仓储的产品：化橘红仓储贷

化橘红仓储市场有着一定的市场需求缺口，包括政府在内的多方都有意投资建设化橘红公共仓，以此推动行业发展。该款产品特色在于可以以仓储使用权作为抵押，具体如表 1－28 所示。

表 1－28　　化橘红仓储贷产品操作指引

项目	概述
产品名称	化橘红仓储贷
适用客群	在化州市有常住户口或合法居住证件的提供化橘红仓储服务的个人或企业，以及政府投资建设的化橘红公共仓项目
贷款用途	用于化橘红仓储领域流动资金或购建固定资产用途，用途必须背景真实，符合我国的法律、法规规定和国家监管机构的有关规定，不得用于禁止性相关贷款用途

续表

项目	概述
贷款额度	应根据借款人仓储建设规划、占地面积、设计容量等因素，合理确定贷款额度
贷款期限	原则上不超过3年
担保方式	1. 可采用抵押担保或质押担保等担保方式； 2. 企业：法定代表人、股东、实际控制人及重要关系人提供连带责任保证； 3. 个人：配偶、重要关系人及经营实体（若有）提供连带责任保证

（5）针对烘干线的产品：化橘红烘干贷

化橘红由于在落地10天之内必须进行耗时三四天的烘干，在收获季节对烘炉有着很高的需求，这类需求还没有完全满足。据了解，一台传统烘干炉（柴火炉）在购置两三年之后就能通过收取使用费回本，更加先进、环保的电烘干炉在四五年就能回本，化橘红烘干贷存在一定的市场潜力，化橘红烘干贷产品指引如表1－29所示。

表1－29　　化橘红烘干贷产品操作指引

项目	概述
产品名称	化橘红烘干贷
适用客群	在化州市有常住户口或合法居住证件的提供化橘红烘干服务的个人或企业
贷款用途	适用于橘红种植经营者用于化橘红烘干线建设用途，用途必须背景真实，符合我国的法律、法规规定和国家监管机构的有关规定，不得用于禁止性相关贷款用途
贷款期限	原则上不超过3年
还款方式	按仓储项目建设进度放款。分期归还本金及利息
担保方式	采用抵押担保或质押担保等担保方式，可以以建设用的化橘红烘干炉为抵押

3. “农业生产托管”主要金融产品

表1－30　　托管贷产品操作指引

项目	概述
产品名称	托管贷
适用客群	农业生产托管服务组织。其中，农村集体经济组织包括经济联合总社、经济联合社、经济合作社和股份合作经济联合总社、股份合作经济联合社、股份合作经济社等

续表

项目	概述
贷款用途	农村集体经济组织贷款用于支付托管服务费，农业生产托管服务组织贷款用于购买农资、农机、支付劳务费等
贷款期限	最长期限不超过 3 年
还款方式	还款方式可分为协议还款、到期一次性还款
担保方式	此款产品为信用贷款产品

五、化州农商银行金融服务乡村振兴工作实践

（一）概述

在“三会一层”的公司治理架构下，化州农商银行董事会下设战略与“三农”金融服务委员会，董事会战略与“三农”金融服务委员会负责制定全行“三农”金融服务发展战略和业务规划。在高级管理层，化州农商银行设立普惠金融部，并在普惠金融部下设“‘三农’与中小微企金融服务中心”“乡村振兴金融服务中心”“总对总金融服务中心”。普惠金融部配备员工 7 人，负责全行中小企业业务、消费与微贷及个人金融产品的产品开发、管理和营销，同时负责“三农”贷款业务管理、“三农”新产品开发和业务推广，组织各经营单位在辖区内开展各项支农金融服务。截至 2022 年 3 月，化州农商银行共有 15 个一级支行，营业网点 50 个，信贷客户经理从业人员达 117 人，信贷服务团队人数位列化州市金融机构首位，服务范围覆盖全市。

在国家乡村振兴战略的引领下，化州农商银行党委和董事会准确把握地方经济发展方向，根据化州市地方产业实际情况，作出与地方产业融合发展、坚持支农支小、大力服务乡村振兴的发展战略。一是聚焦地方重点产业，支持构建优势产业体系。通过加强与政府职能部门、乡镇政府、行业协会、龙头企业的联动，依托乡村特色优势资源，全力支

持地方乡镇“一镇一业、一村一品”建设工作，聚焦乡镇农业全产业链，为上下游市场经营主体和农户提供“一揽子”综合化金融支持服务，构建乡镇优势产业体系。如对地方农业龙头企业耀明集团授信7500万元，并对有关的产业链采用“农户+银行+企业”模式，推出“易蔗贷”信贷产品，支持上游蔗农生产经营。截至2022年3月末，化州农商银行开发“易蔗贷”“生猪贷”“橘红贷”“罗非鱼贷”等特色信贷产品，共投放101879.76万元，惠及农户及企业共1660户。

二是坚持支农支小，大力扶持新型农村经营主体和农户的发展。结合化州农业资源优势特征，持续加大对三大主粮生产和“菜篮子”工程的信贷服务供给。截至2022年3月末，化州农商银行支持“米袋子”“菜篮子”“果盘子”稳产保供贷款1402户，金额为42925.9万元；支持“粤字号”农业品牌贷款3户，贷款余额为3322.45万元；支持“茶罐子”贷款27户，金额为3130.37万元。同时，针对新型农业经营主体和小农户的需求特点，进一步简化贷款审批流程，合理增加与需求相匹配的中长期信贷供给。截至2022年3月末，化州农商银行支持新型农业经营主体贷款136户，金额为32802.68万元。另外，积极落实好脱贫人口小额信贷、创业担保贷款、助学贷款、农户小额信贷等政策，重点做好脱贫不稳定户、边缘易致贫户以及易地扶贫搬迁后续金融服务。截至2022年3月末，化州农商银行累计发放支持脱贫小额贷款380户，金额达1260.47万元；发放“妇女创业贷款”2935户，金额达20835万元。

三是加强农村信用体系和基础金融服务建设。一方面，2021年，化州农商银行印发《广东化州农村商业银行股份有限公司“农村金融（普惠）户户通”实施方案》，对辖内行政村开展信用村体系建设，引导信贷资金投向本地涉农领域。截至2022年3月末，已对全市23个行政村开展信用村建设，授信户数179户，授信金额为3298.65元，用信金额为1499.92万元。另一方面，稳步推进村村通工程，运用互联网技术升级乡村助农取款点，大力推广手机支付、网上银行等移动支付服务，加大移动支付宣传力度，拓展农村地区移动支付普及应用范围，进一步提升行政村一级基础金融服务覆盖率。截至2022年3月末，化州农商银行共布设CRS柜员机92台，自助服务终端BST机36台，刷脸支付终端4台，粤信通POS商户188户，POS机具198台，现辖区剩余助农取款点31个（含5个农村金融综合服务站），安装“粤智助”机具397台，覆盖全市367条行政村，金融服务延伸到乡村、社区，把服务送到客户身边。

（二）产品或服务机制介绍

1. 罗非鱼贷

罗非鱼贷是化州农商银行向从事罗非鱼养殖的经营者发放用于罗非鱼养殖生产资金的“贷款资金闭环管理运行”式信贷产品。该产品采用信用或保证方式，根据客户养鱼规模进行授信，其中，以信用方式发放的单户授信金额不超过50万元，保证方式发放的单户授信金额不超过300万元；可根据养鱼产业资金回笼周期情况选择循环卡贷宝或分期卡贷宝，循环卡贷宝最长期限不超过3年，分期卡贷宝最长期限不超过5年。截至2022年3月末，化州农商银行发放支持罗非鱼产业有余额户数430户，余额为18289.93万元，其中“罗非鱼贷”有余额户数112户，余额为2258.12万元。

2. 橘红贷

橘红贷是化州农商银行对化州市辖内橘红种植、收购、加工、销售、购置设备等经营主体开发的贷款产品。该产品可采用信用、保证、抵押、质押等方式。其中，信用、保证方式额度50万元以下的，可选择卡贷宝自助循环形式，对于个人类、农民专业合作经济组织类，信用方式额度最高额不得超过50万元，保证方式额度最高不得超过300万元，抵（质）押方式额度最高不得超过1000万元；对于企业类，原则上单户800万元以上贷款必须提供足额抵（质）押物。贷款用于橘红种植的，贷款期限最长不得超过5年，其他用途贷款期限不得超过3年，以卡贷宝形式发放超过3年期的，还款方式为按月等额本息归还。截至2022年3月末，化州农商银行发放支持化橘红产业有余额户数285户，余额为38460.03万元。

3. 易蔗贷

易蔗贷是指甘蔗种植专业户（以下简称蔗农）作为借款主体，根据甘蔗种植周期资金需求，通过甘蔗收购企业提供担保发放的贷款产品。该产品采用保证方式，最高可授信100万元，根据借款人生产经营实际情况，“易蔗贷”贷款授信期限最长不超过3年，在授信期限内可循环使用，每次出账期限控制在1年以内（含1年）。截至2022年3月末，化州农商银行“易蔗贷”有余额户数87户，余额为1524万元。

4. 个体工商贷

个体工商贷是指化州农商银行向在化州市辖内从事合法经营的个体工商户客户发放的用于经营性资金需求的一种特定的卡贷宝信贷产品。该产品采用信用或保证方式，最高可授信30万元，循环卡贷宝最长期限不超过3年（含），分期卡贷宝最长期限不超过5年（含），还款方式可采用按月还息、到期还本或随贷随还。截至2022年3月末，化州农商银行“工商贷”有余额户数1424户，余额为25550.1万元。

（三）工作情况总结

自乡村振兴战略出台后不久，化州农商银行积极开展农业产业链发展、本地乡村建设、村居群众的金融需求等金融支持乡村振兴工作的调研和研究，并积极与农业农村局、供销社等政府部门和企事业单位沟通和对接，深入了解化州市乡村产业链发展的实际情况和瓶颈，村居群众和农业新型经营主体等面临的困难。经过近几年金融支持乡村工作相关的产品开发、业务营销、贷后管理等的积累，化州农商银行深化了银行业机构对金融支持乡村振兴工作的认识，未来将在金融支持乡村振兴工作方面精准发力。

1. 化州市农业农村相关情况

（1）“空心村”现象加剧，金融资源投放效能低下

乡村振兴的最终受益者是农民，但由于种种原因，化州市“空心村”问题难以解决。首先，化州市人口外流严重，大量农村人口迁移至珠三角城市务工，青壮年集体“出走”；其次，农民转变思想重视教育，为了使子女接受更好的教育，进城上学成为热潮。农村地区人口呈现老幼并存的“哑铃型”年龄结构，这导致金融支持乡村振兴政策传导难、实施难，金融资源投放困难、效率低下。

（2）农业产业链条短，附加值低

种养植行业经营模式分布零散，规模普遍偏小，达不到金融机构授信条件；小农生产方式和粗放型的管理模式很难实现规模效益，同时缺乏深加工方面的制造技术，导致产业链附加值低。如化橘红精深加工方面，无法完全有效利用特色中药资源，产品附加值不高。除几家深加工企业可以推出橘红中药饮片、化橘红口服液、橘红中药饮片等产品外，多数加工企业仍停留在浅加工，主要为烘干、切片、橘红工艺品等，效益不明显。

（3）风险补偿机制不完善

由于农业生产风险高、可控性差，农村地区和小微企业金融数据缺乏严重，无法准确开展风险评估；随着产业结构调整，行业竞争不断加剧，对市场门槛低、缺乏核心技术的民营和小微企业冲击加大，导致企业盈利能力减弱，加上地方政府财政预算不足，对于涉农贷款缺乏相关的风险补偿机制。

2. 化州农商银行相关情况

（1）科技力量支撑不足

化州农商银行属于地方性法人机构，自身科技部门人手不足，研发

创新意识和能力不强；同时，地方政府没有足够的财力建立较为完善的基础政务大数据系统，数据统计及采集主要以人工为主，无法通过大数据分析技术开展客群细分与研究，无法开展精准、批量贷款授信业务。

（2）信贷队伍老龄化严重

全行客户经理团队老龄化程度持续加深，趋势十分明显，大龄客户经理人群占比较高且退出速度缓慢；年轻客户经理稀缺，骨干队伍严重不足，团队活力不足。信贷队伍主动工作的意愿不够强烈，主动服务、主动营销的理念欠缺，尤其是对于优质客户的营销、管理和服务水平较本地同业差距较大。

（3）信贷产品同质化较多，缺乏针对性强产品

化州农商银行共有超过 30 种信贷产品，服务对象覆盖中小微企业、财政供养公职人员、个体工商户和农户，但是信贷产品亮点较少，同质化较多，服务对象重叠严重。例如“精英贷”“公职贷”“医生贷”“悦农 e 贷”等产品服务对象大部分为公职人员和公积金缴交人员。现阶段，化州农商银行缺乏金融产品研发人才和能力，同时，由于未能与政府相关部门搭建信息共享机制，税务、社保、公积金、水电费缴纳等信息大数据获取难度大，导致无法及时有效地针对市场需求，开发新的金融产品，在新产品开发方面始终处于一种跟随和落后的状况。

六、化州市乡村产业振兴工作的政策建议

通过前述章节的分析，在对乡村产业振兴有需求、有产品的基础上，政府部门要提供基于产业发展的公共设施便利和相关政策机制；金融机构要做好定战略、建团队、数字化等工作；监管部门要出台激励金融机构大力支持乡村产业振兴工作的考核机制。

（一）政府应建立乡村产业振兴的共享共建共赢机制

1. 为金融机构构建政务和产业数据共享机制

在面对乡村产业振兴的巨大机遇时，金融机构有所迟疑的一个主要原因在于农业产业的弱质性和信息采集成本高。政府和金融机构双方共享资源和信息的主要目的是政府可以借助金融机构的资金优势，快速推动相关产业规划和政策的落地实施；同时，金融机构可以获取更多的信息，快速、便捷地开发有针对性的金融产品，做大乡村振兴产业增量市场。一是主要农业产业发展和规划等方面的信息共享，包括化橘红生态高效标准化种植基地和精深加工项目等规划，罗非鱼产业价值链相关主体生产、加工和销售的功能布局等。相关部门和金融机构建立定期的信息共享与会议沟通工作机制，各方互通有无，便于产业链上各类经营主体融资需求的高效对接。二是政务数据和产业主体经营情况统计数据的共享，包括税务、水电费用和产业链上各环节经营主体产值、生产成本等。除产业规划和项目布局等宏观信息外，政府相关部门与金融机构共享化橘红、罗非鱼等优势特色农产业链上各类商事主体的经营情况和信息也具有极为重要的意义。金融产品设计除了需要了解相关产业链的整体发展趋势和资金需求总量外，更需要各类商事主体的成本构成、现金流量大小和期限特征等微观数据的支持。三是搭建金融支持乡村产业振兴的常态化机制，包括成立以属地金融机构、地方政府相关部门、农户和产业龙头企业以及监管部门为成员的金融支农联盟地方分支，并以金融机构为支撑，定期举办乡村振兴金融讲堂等。广东金融支农联盟成立于 2019 年 8 月 29 日，成立金融支农联盟地方分支可以借助广东金融支农联盟的专业力量，定期举办产业调研活动，从融资需求、企业投入产出等角度深入理解化橘红、罗非鱼等产业发展的困难和存在的问题。完善金融机构派出金融特派员/助理和乡村振兴金融讲堂工作机制，有针对性地为产业链各经营主体讲述相关金融支持乡村产业振兴的政策和金融产品及服务机制，扩大金融支持乡村振兴政策惠及面和群体。

2. 构建政府部门、产业主体和金融机构的风险共担机制

考虑到乡村产业振兴工作中大多数产业的经营主体缺乏有效的担保物和质押物，在金融机构通过信贷资金大力支持产业振兴工作时，需要政府通过担保基金、产业发展基金等多种风险共担和风险补偿机制与金融机构、农户和龙头企业实现风险共担。一是设立主要农业产业发展基金，完善风险共担机制。以政府投入为引导，以产业种植和加工等环节龙头企业以及社会资本为主体，搭建独立运作的产业发展基金，与金融机构合作，以市场化的方式与各方共担风险，激发金融机构通过信贷投放等方式支持乡村产业振兴的活力。二是引入国有资本的资源优势和专业力量，构建风险补偿机制。政府相关部门和产业属地政府对产业内各经营主体的生产、现金流、税务等情况较为了解，可考虑由相关部门成立国有控股的担保公司和引入地方保险公司等金融机构，消除商业性金融机构信息不对称的风险，搭建“企业+担保公司+银行”“企业+保险公司+银行”等模式，作为相关金融产品风险控制的补充机制，提高商业性金融机构的风险容忍度和信贷投放力度。三是充分利用政策红利，构建支持农村金融机构持续发展的资源倾斜机制，如乡村振兴专项补贴、贷款贴息项目等，鼓励地方金融机构加大乡村振兴工作的信贷资源投入。按照广东省产业园管理的相关规定，对符合条件的相关产业各经营主体通过银行贷款扩大项目投资等经营活动进行补贴或贴息，提高金融机构对乡村振兴工作的积极性，补偿其贷款损失，进一步扩大相关产业经营主体数量和规模，做大做强产业价值链条。

3. 以公共品牌、公共设施和第一、第二、第三产业融合为抓手实现多方共赢

实现乡村产业振兴工作成果的共赢关键是政府和金融机构等各方

要通力合作，除了上述信息和资源共享、风险共担外，还应做好以下三个方面的工作。一是以构建公共品牌为抓手，实现全产业链共赢。政府相关部门组织专业力量挖掘相关特色优势产业文化内涵，如化橘红；以参加行业专业推介会和展览会以及网络平台产品展示等方式，加强区域公共品牌宣传，开拓国内其他省份市场，实现产业链各经营主体的品牌化和多元化经营。二是以加大公共设施投入为抓手，提升产业链甚至整个农业产业的价值。乡村产业振兴工作不可避免地涉及产业基础公共设施建设，如生产环节的水肥一体化和基地的电和路建设，流通环节的存储、冷链、保鲜等设施，销售环节的存储、保鲜、交通等。产业基础公共设施建设资金必然由政府财政资金、金融机构信贷资金和直接受益方三方出资构成，其中政府是牵头人，要加大投入，发挥财政资金的杠杆作用，金融机构要在基础设施建设中看到后续相关的产业业务拓展潜力，配合和支持政府做好乡村产业振兴工作。三是做大做强产业精深加工环节，实现一二三产业融合共赢。不论是品牌化经营，还是加大产业基础公共设施建设投入，其目的都在于做好产业精深加工和实现一二三产业融合的基础工作。要提高产业的附加值，实现一二三产业的融通发展，生产环节是基础，加工环节是关键。精深加工的本质就是增大加工环节的技术、资金、土地等方面的投入。其中，政府需要做好第二产业的产业园区建设规划、第三产业的创意产业与服务产业项目规划，给加工环节的经营主体提供基础条件和优惠政策，金融机构配套的金融产品要迅速跟进，加快推进产业规划和项目规划的落地，加快加工环节经营主体的技术研发投入和产品开发速度，提升终端产品附加值，实现一二三产业的共生、共荣和共赢。

（二）金融机构应从战略、产品、团队和数字化等方面重点发力

1. 基于乡村产业振兴制定适宜自身实际的发展战略

随着乡村振兴战略的深入推进实施，国有商业银行等金融机构将

服务重心向农村倾斜，农村金融发展格局将更加多元化。化州农商银行作为乡村振兴主力军，要深刻领悟中央和国家部委出台的乡村振兴政策文件，坚守定位，加快转型步伐，结合化州市当地的实际情况，精准传导制定支持服务乡村振兴金融政策。

一是做好战略顶层设计，出台乡村振兴工作方案和重点举措。建议化州农商银行因地制宜，结合化州当地优势农业，立足区域优势，制定“十四五”服务乡村振兴和“三农”县域的业务规划，全面部署围绕乡村振兴建设的重大工程、行动和任务。比如，在化橘红产业领域，要积极支持化橘红一二三产业融合发展、支持化橘红绿色标准化种植及深加工、支持化橘红中医药健康产业发展等。同时，对于重点支持的产业，如化橘红、罗非鱼等，要专门研究制定支持产业振兴的金融政策指引、方案指南和具体信贷服务策略，形成专项信贷政策体系，提升贷款份额，创新丰富产品，提高乡村振兴重点领域金融服务水平。

二是精准选择支持服务乡村振兴产业。产业兴旺是乡村振兴的基础。农村金融“回归本源”的重点实际上就是支持农业、农村发展。为此，建议化州农商银行要牢牢抓住产业振兴这个关键点，融入地方实际，根据化州当地经济发展优势和特色，着眼支持特色农业、农产品加工流通和一二三产业融合发展，加快构建产业振兴金融服务体系。以化橘红为例，化橘红是化州市的传统产业，也是化州市近年来重点发展的优势特色产业，建议化州农商银行主动加大化橘红深加工环节的金融支持，推动“饮片做优、成药做大、延伸产品做深”。同时，积极支持化橘红特色产业集群、化橘红产业园、化橘红产业强镇，制订化橘红全产业链综合金融服务方案，扩大金融服务覆盖面；加大对省级以上化橘红产业龙头企业、化橘红产业专业服务组织等信贷支持；支持融合发展化橘红文化和旅游产业，创新金融产品与服务，推动化橘红文化产业与健康、养生、旅游、休闲和饮食深度融合。

2. 打造洞察本土主要农业产业金融链发展的金融团队

一是明确金融村官的职责是全面洞察本土农村主要产业。加强农村金融队伍建设，选拔具有涉农专业知识和熟悉信贷政策、精准扶贫政策的“金融村官”到乡村挂职，下沉重心，充分利用主要农业产业经济金融情况调查、主要农产品每亩收支情况、农产品成本投入情况、农产品收益投向情况，深度全面摸清本土主要农业产业的基本情况、主要问题和发展规划，并精准对接罗非鱼、化橘红、特色水果、家禽养殖等重点领域，挖掘当地农民增收渠道、产业发展趋向、农村治理规划等现实问题，依托金融力量，促进银政、银企、银村、银群深度融合，为当地乡村振兴提供“金融超市”综合服务。

二是构建强有力的系统化的金融村官支持团队。金融村官是农村金融需求关键的“结构洞”，是农民需求的知情人，是农业发展的规划者，是农村振兴的支撑点，因此，金融机构要有一个系统化的支持体系对金融村官赋能。这个体系一方面包括洞察农村主要产业链的金融产品研发团队、金融营销团队和金融作业团队等，条件成熟的情况下甚至可以在乡村振兴金融服务中心下设成立专门的主要农产品金融服务分中心或特色专营支行，如化橘红金融服务分中心、罗非鱼金融服务分中心等；另一方面要提升乡村网点对金融村官的支持作用，即要延伸乡村物理网点服务效能，加速推进乡村金融综合服务站（点）、便民服务点、POS 机等实体站点和自助机具建设，推广网上银行、手机银行等掌上金融服务，构建相互协同、功能互补的网格化农村金融渠道体系，通过线上线下深度融合，为“三农”客户群体提供全方位、全覆盖、简单、快捷的金融服务。

3. 精准定位主要农业产业，构建乡村振兴产品品牌体系

精准选择支持服务乡村产业振兴对象和客群。化州农商银行要把县域农村作为最大的核心市场，进一步明确目标客户，丰富获客渠道，加大营销力度，强化服务支撑，努力实现县域市场竞争优势巩固提升。

一是要精准选择支持服务对象。随着农业供给侧结构性改革的推进，化州市农村农业向规模化、集约化方向发展，涌现出一批专业合作社、家庭农场、专业大户等新型经营主体，以及其他有实业背景的“乡村振兴带头人”，尤其在化橘红、罗非鱼等产业，该群体生产经营能力强，但目前普遍面临融资难、投保需求难以被覆盖等问题。应将这些群体列入服务对象，出台相应的金融服务方案，给予大力支持。同时，化州农商银行要充分借力外部信息平台，并通过组建专业客户经理团队，入户实地调查，走访周围村民，找地方政府主管部门、行业协会了解情况等方式对客户摸排挑选，提升对于化橘红、罗非鱼产业的客群覆盖面。

二是要摸排挑选县域市场目标客群。按照县乡村三级贯通、各领域各行业全面覆盖的思路，分区域分领域分行业确定县域目标市场和客户，做到有营销重点、有客户名单、有服务方案，努力形成县域市场服务闭环。首先，要分条线、分区域细化县域目标市场。精准把握化州市的农业支柱产业、主流客群特征，制定有针对性的服务策略，确定重点支持领域和客群。其次，要建立重点客户和项目清单。通过多方合作、大数据分析、客户资源普查等方式，做好客户精准画像，建立县域客户重点营销名录。

三是要制定金融服务生态图谱和营销指引。围绕重点客群，争取在化橘红、罗非鱼等行业制定金融服务营销指引，梳理上下游客户分布及资金、信息流转脉络走势，找准客户金融服务的痛点、难点，提供综合服务解决方案，加大精准营销力度。例如，围绕化橘红大型加工企业，如化州中药厂制药有限公司、化橘红药材发展有限公司等，逐个客群制订具体服务方案，实现方案式综合化营销服务。对于化橘红养殖户来说，推进“农户信息建档 + 全线上化办贷”模式，坚持农村城郊、大户小户一起抓，拓宽服务广度深度。

精准打造服务乡村产业振兴拳头产品和精品产品。建议化州农商银行按照“产业—行业—企业”三个层次，创新推出一批服务乡村产业振兴的专属产品体系，打造拳头产品和精品产品，着力构建自身金融支持乡村振兴的产品和品牌体系。

一是重点围绕纳入国家地理标志的特优农业产业，如化橘红、罗非鱼等优势产业，总行层面要体系化地形成产业综合金融服务方案，覆盖“种养—流通—初加工—深加工—销售”的全链条产品体系，覆盖“存、贷、汇”的综合金融服务，如针对罗非鱼“一条鱼”战略，可以围绕罗非鱼育苗、养殖、加工、出口产业一体化全产业链建设，设计多款金融产品，使罗非鱼产业提质增效，扩大内需，提高农产品价值，增强罗非鱼龙头企业技术创新能力，为提高化州市罗非鱼产业化水平提供金融支持。

二是打造服务乡村振兴拳头产品和精品产品。拟定拳头产品和精品产品名单，细化营销推广目标，对具备复制推广条件的，及时大面积推广。比如，大力发展预制菜产业，是广东农产品“12221”市场体系建设的重点工程，化州地区罗非鱼养殖产业规模较大，作为原料供应并加工成为罗非鱼预制菜是未来罗非鱼产业发展壮大的重要途径。为此，建议化州农商银行以罗非鱼养殖贷、罗非鱼采购贷、罗非鱼预制菜设备升级贷等，大力支持罗非鱼养殖、深加工，培育罗非鱼预制菜经营主体、扶持罗非鱼预制菜联盟发展等，培育罗非鱼加工企业延伸和打通全产业链，形成产业示范效应，更好地发挥金融支持实体产业发展的作用。

三是构建服务乡村振兴产品品牌体系。以安粮、富村、宜居、惠民为主题，打造服务乡村振兴对公系列产品品牌；以安居、乐业、幸福、普惠、保障为主题，打造服务乡村振兴零售系列产品品牌。加强服务乡村振兴产品品牌设计和宣传推广，全面提升美誉度和影响力。

4. 守住乡村产业振兴过程中的风控底线

农村金融机构要紧盯风险关键点，守住“三农”和县域业务风险底线。要加强涉农业务研究，准确把握县域客户和产行业风险特征，提高管理的精细化、精准度，有效防控“三农”信贷风险。

一是要确保县域贷款投放与风控能力适应。要制订“三农”不良贷款管控计划，有效做好“三农”不良贷款的清理、处置和停复牌工作。

二是要优化“三农”对公领域贷款投放策略。在保持“三农”对公信贷结构总体稳定前提下，对乡村产业、乡村建设贷款，合理确定总体和细分领域贷款增速目标，做好行业结构、区域结构动态调整，确保贷款投放与风控能力相匹配。

三是要加强县域贷款全生命周期风险管理。优化县域客户评级政策。保持评级的敏感性，对违约率高或出现风险信号的产业和客户，审慎认定客户评级，避免存在评级虚高现象。

四是要严格县域贷款客户准入和调查审查。加强涉农行业信贷政策落实，对风险较大的区域和行业，必要时定向提高准入门槛和信贷审批层级。对大额授信、多元化经营的涉农集团客户，多方面交叉审核验证客户情况，做好授用信份额控制。

五是要落实县域客户贷后管理责任。加强现场与非现场监控检查力度，重点加强新发放贷款的管理。对贷款金额大、风险承受能力弱的客户，“一户一策”形成风险防控预案。

六是要全面加强押品价值评估和管理。要定期组织对县域银行信贷客户押品价值开展贷后重估，对押品风险全面做好风险排查，前瞻性防控押品跌价和担保不足风险。

七是要切实强化涉农重点领域信贷风险防控。针对涉农产业生产经营周期和贷款回款特点，提高风险管理针对性。要强化“三农”特色信贷业务风险管控。严格把握农户贷款建档质量，通过“数据采集+实地核实”相结合方式，确保“真客户、真生产、真需求、真用途”。要突出做好县域线上业务风险防控。根据各类线上贷款产品在县域市场推广和风险情况，加强数据积累和模型优化，调整模型设计、参数设置、准入门槛、“白名单”客户生成和调整、资金流向、贷后管理等环节业务规则，有效拦截风险。

5. 坚持金融科技赋能农村金融的数字化发展道路

农村金融供求不平衡、信息不对称、信用不完善等现状为农村金融服务带来诸多挑战，做好乡村振兴金融服务，就要解决好上述问题，充分利用互联网和大数据技术解决信息不对称问题，强化金融科技赋能，重塑金融服务模式，探索构建县域批量化获客闭环式服务的新打法（见图 1－14）。

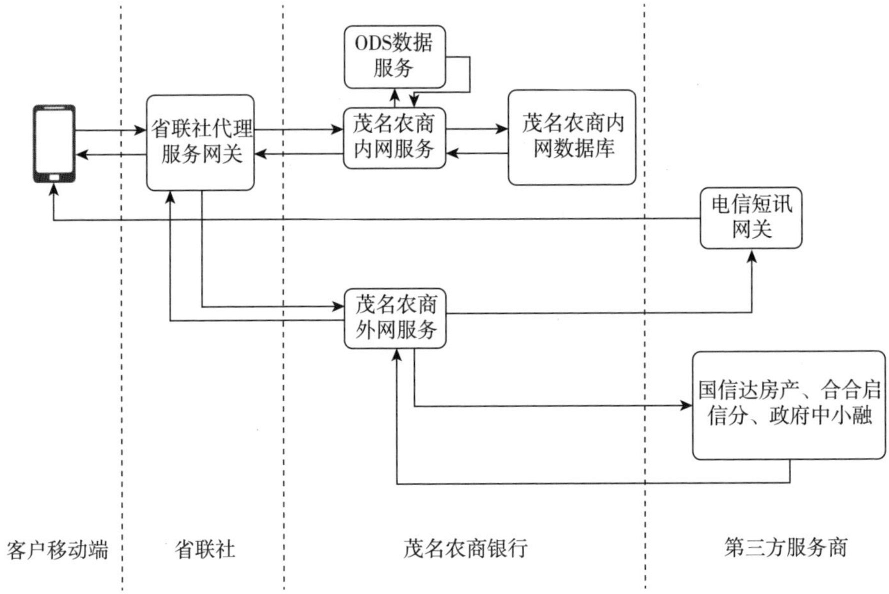

图 1－14 数字化赋能金融机构

一是营销端数字化。充分借鉴南海农商银行、茂名农商银行的做法，整合多方数据与服务能力，以“小步快跑”的方式，在化州农商银行探索引入数字化产品运营框架——“好融易”。向化州农商银行迁移“好融易”模式，应包括两方面的内容：一方面是数字化运营模式的思维与方法论，另一方面是技术工具，两者缺一不可。技术实现方面，茂名农商银行为化州农商银行提供迁移方案，提供“好融易”适配改造开发。化州农商银行需要与第三方服务商洽谈对接服务，包括短信服务商、数据服务商，同时购买服务器等基础设施用于承接自身客户与业务数据，与省联社申请内外网贯通渠道资源。同时，利用“好融易”平台，构建推广农户裂变式综合营销获客模式，大力推广“信息建档开路、惠农贷款敲门、综合营销跟进”的做法，将农户信息建档与信用村信用户建设、掌银示范村建设、深耕乡村市场、示范网点打造等工作结合起来，发挥农户贷款定价优势，一体化营销拓展农村存款、掌银、银行卡等业务。

二是风控与作业端数字化。乡村信贷业务具有客群人数多、单笔金额小、资金运用灵活、管理半径大、需求差异化等特点，通过传统线下模式展业将导致客户经理人手不足、效率低下、服务无法到位等问题。建议发展农村数字普惠金融，依托5G、智能终端等技术，开发线上服务平台或移动应用程序，推进全流程数字化的移动展业。通过定制H5农户贷流程、OCR及生物识别能力等科技手段降低客户申请信息采集成本，提升客户体验；通过维护“白名单”客户，锁定目标客群，名单客户通过手机扫码完成在线申请，初审通过后，客户经理上门收集资料，大幅度提升工作效率；通过线上征信授权、在线审批核定额度等流程优化减少工作量，释放员工产能；通过整合客户税务、工商、征信及客户交易等内外部数据，进行大数据分析，挖掘客户需求，打造并推荐客户适配产品，打造线上线下有机融合的服务模式，破解农村偏远地区网点布局难题。

智能手机成为越来越多的农户进行农业生产的重要工具之一，农业信息化和智能化的趋势日益凸显。比如，通过农事服务App测亩易，可以实现测亩仪、作业地块管理、作业地块分享、精确实时测量作业面积和作业计价功能。农户在手机地图上确认自己的地块后，化州农商银行可以通过卫星图像识别地块的农作物面积、类型，并通过风险控制模型预估产量和价值后，便可向农户提供便捷高效的贷款支持。

（三）监管机构应构建适应乡村产业振兴的差异化监管政策

1. 以提升农业投入为导向，制定主要农业产业的监管细则

近年来，中国银保监会发布《关于推进农村商业银行坚守定位强化治理　提升金融服务能力的意见》等多项文件，从整体上推进农村金融机构专注支农支小信贷主业。但在区域性推进方面仍可进一步细化，特别在乡村振兴的背景下，监管机构可制定主要农业产业监管细则，从加大资金投放、提高信贷比重等方面提出细化措施，并以主要农业产业信贷投入比、客户数量等指标为抓手（见表1－31），推动更多金融资源投向农业产业；同时可探索将主要农业产业金融资源投入的相关监管机制或流程纳入“监管沙盒”，引导提升农业产业的信贷投入资金，从而提升区域内农业产业的投入力度，促进农业发展。

表1－31　　金融支持乡村产业振兴相关指标

主要农业产业	如化橘红
信贷投入比	金融机构对主要农业产业的信贷投放额/主要农业产业总值
客户数量	—
客户行业占比	客户数量/该行业商事主体数量
不良率	—

2. 将主要农业产业的金融支持情况纳入监管评级体系

2021年7月，《金融机构服务乡村振兴考核评估办法》正式施行，以更好地满足乡村振兴多样化金融需求。监管机构可针对支持农业产业贷款基数大、占比高的银行金融机构，加强正面宣传和激励，科学实施差别监管考核，并探索将金融机构对主要农业产业的支持情况纳入监管评级体系，鼓励把更多的金融资源配置到农村经济社会发展的重点领域和薄弱环节。

3. 巧用金融支农联盟平台的监管优势

广东金融支农联盟背靠广东银保监局、人民银行广州分行和广东

省农业农村厅等金融监管机构和乡村振兴相关政府部门，背后有强大的金融资源和乡村产业振兴的专业力量支持。作为广东金融支农联盟的分支机构，化州市金融支农联盟要找准自身定位，学会借力用力，一是在广东金融支农联盟的支持下，定期组织当地银行同业进行乡村振兴产品设计经验交流，金融产品营销实例分享；二是积极开展银保、银证等不同类型金融机构间业务合作，灵活运用各类金融机构间的监管政策优惠和制度差异，实现金融产品的融合设计和交叉销售；三是巧妙促成政银的资源共享和信息互通，综合利用政银双方的资源优势，构筑政银双方高效沟通、协商的桥梁，积极高效地解决乡村产业振兴工作中的金融难题。

附件1：茂名化州市罗非鱼产业调研情况表

附件2：茂名茂南区罗非鱼产业调研情况表

附件 1

茂名化州市罗非鱼产业调研情况表

客户	年度	养殖方式	鱼塘面积（亩）	总销量（斤）	平均产量（斤/亩）	销售收入（元）	每斤单价（元/斤）	每亩平均收入（元/亩）	销售收入流水（元）	有流水收入占总收入比例（%）	是否一年两造	备注
李××	2019	非密集养殖：密集养殖之外的其他情形	20.00	58300.00	1943.33	204050.00	3.50	10202.50	150500.00	73.76	二年三造，平均8个月一造	林尘镇一化北片
	2020	非密集养殖：密集养殖之外的其他情形	20.00	60500.00	2016.67	217800.00	3.60	10890.00	160000.00	73.46	二年三造，平均8个月一造	林尘镇一化北片
	2021	非密集养殖：密集养殖之外的其他情形	20.00	61800.00	2060.00	234840.00	3.80	11742.00	165000.00	70.26	二年三造，平均8个月一造	林尘镇一化北片
曾××	2019	非密集养殖：密集养殖之外的其他情形	26.00	78500.00	2012.82	274750.00	3.50	10567.31	225000.00	81.89	二年三造，平均8个月一造	林尘镇一化北片
	2020	非密集养殖：密集养殖之外的其他情形	26.00	105000.00	2692.31	378000.00	3.60	14538.46	260000.00	68.78	二年三造，平均8个月一造	林尘镇一化北片
	2021	非密集养殖：密集养殖之外的其他情形	26.00	110000.00	2820.51	418000.00	3.80	16076.92	295000.00	70.57	二年三造，平均8个月一造	林尘镇一化北片
曾××	2019	非密集养殖：密集养殖之外的其他情形	38.00	58000.00	1017.54	203000.00	3.50	5342.11	203000.00	100.00	二年三造，平均8个月一造	林尘镇一化北片
	2020	非密集养殖：密集养殖之外的其他情形	38.00	61500.00	1078.95	221400.00	3.60	5826.32	221400.00	100.00	二年三造，平均8个月一造	林尘镇一化北片
	2021	非密集养殖：密集养殖之外的其他情形	38.00	63800.00	1119.30	242440.00	3.80	6380.00	242440.00	100.00	二年三造，平均8个月一造	林尘镇一化北片

续表

客户	年度	养殖方式	鱼塘面积（亩）	总销量（斤）	平均产量（斤/亩）	销售收入（元）	每斤单价（元/斤）	每亩平均收入（元/亩）	销售收入流水（元）	有流水收入占总收入比例（%）	是否一年两造	备注
陈××	2019	密集养殖：7000～12000条/亩	110.00	1500000.00	6818.18	6000000.00	4.00	54545.45	6000000.00	100.00	一年两造	杨梅镇—化南片
	2020	密集养殖：7000～12000条/亩	110.00	1800000.00	8181.82	7200000.00	4.00	65454.55	7200000.00	100.00	一年两造	杨梅镇—化南片
	2021	密集养殖：7000～12000条/亩	110.00	2500000.00	11363.64	12500000.00	5.00	113636.36	12500000.00	100.00	一年两造	杨梅镇—化南片
杨××	2019	密集养殖：7000～12000条/亩	100.00	1000000.00	5000.00	4000000.00	4.00	40000.00	4000000.00	100.00	一年两造	杨梅镇—化南片
	2020	密集养殖：7000～12000条/亩	100.00	1100000.00	5500.00	4620000.00	4.20	46200.00	4620000.00	100.00	一年两造	杨梅镇—化南片
	2021	密集养殖：7000～12000条/亩	100.00	1200000.00	6000.00	6000000.00	5.00	60000.00	6000000.00	100.00	一年两造	杨梅镇—化南片
郑××	2019	密集养殖：7000～12000条/亩	60.00	600000.00	5000.00	2400000.00	4.00	40000.00	2400000.00	100.00	一年两造	杨梅镇—化南片
	2020	密集养殖：7000～12000条/亩	60.00	700000.00	5833.33	2800000.00	4.00	46666.67	2800000.00	100.00	一年两造	杨梅镇—化南片
	2021	密集养殖：7000～12000条/亩	60.00	800000.00	6666.67	4000000.00	5.00	66666.67	4000000.00	100.00	一年两造	杨梅镇—化南片

续表

客户	年度	养殖方式	鱼塘面积（亩）	总销量（斤）	平均产量（斤/亩）	销售收入（元）	每斤单价（元/斤）	每亩平均收入（元/亩）	销售收入流水（元）	有流水收入占总收入比例（%）	是否一年两造	备注
王××	2019	密集养殖：7000～12000条/亩	30.00	320000.00	5333.33	1280000.00	4.00	42666.67	1280000.00	100.00	一年两造	杨梅镇—化南片
	2020	密集养殖：7000～12000条/亩	30.00	380000.00	6333.33	1520000.00	4.00	50666.67	1520000.00	100.00	一年两造	杨梅镇—化南片
	2021	密集养殖：7000～12000条/亩	30.00	400000.00	6666.67	2000000.00	5.00	66666.67	2000000.00	100.00	一年两造	杨梅镇—化南片
王××	2019	密集养殖：7000～12000条/亩	10.00	120000.00	6000.00	480000.00	4.00	48000.00	480000.00	100.00	一年两造	杨梅镇—化南片
	2020	密集养殖：7000～12000条/亩	10.00	130000.00	6500.00	520000.00	4.00	52000.00	520000.00	100.00	一年两造	杨梅镇—化南片
	2021	密集养殖：7000～12000条/亩	10.00	150000.00	7500.00	750000.00	5.00	75000.00	750000.00	100.00	一年两造	杨梅镇—化南片
蔡××	2019	非密集养殖：密集养殖之外的其他情形	40.00	170000.00	2125.00	680000.00	4.00	17000.00	680000.00	100.00	一年两造	那务镇—化北片
	2020	非密集养殖：密集养殖之外的其他情形	40.00	170000.00	2125.00	680000.00	4.00	17000.00	680000.00	100.00	一年两造	那务镇—化北片
	2021	密集养殖：7000～12000条/亩	60.00	700000.00	5833.33	3290000.00	4.70	54833.33	3290000.00	100.00	一年两造	那务镇—化北片

续表

客户	年度	养殖方式	鱼塘面积（亩）	总销量（斤）	平均产量（斤/亩）	销售收入（元）	每斤单价（元/斤）	每亩平均收入（元/亩）	销售收入流水（元）	有流水收入占总收入比例（%）	是否一年两造	备注
黄××	2019	非密集养殖：密集养殖之外的其他情形	20.00	30000.00	1500.00	120000.00	4.00	6000.00	120000.00	100.00	一年一造	那务镇—化北片
	2020	非密集养殖：密集养殖之外的其他情形	35.00	65000.00	1857.14	260000.00	4.00	7428.57	260000.00	100.00	一年一造	那务镇—化北片
	2021	非密集养殖：密集养殖之外的其他情形	35.00	80000.00	2285.71	376000.00	4.70	10742.86	376000.00	100.00	一年一造	那务镇—化北片
黄××	2019	非密集养殖：密集养殖之外的其他情形	40.00	110000.00	2750.00	440000.00	4.00	11000.00	440000.00	100.00	一年一造	那务镇—化北片
	2020	非密集养殖：密集养殖之外的其他情形	40.00	120000.00	3000.00	480000.00	4.00	12000.00	480000.00	100.00	一年一造	那务镇—化北片
	2021	非密集养殖：密集养殖之外的其他情形	40.00	130000.00	3250.00	611000.00	4.70	15275.00	611000.00	100.00	一年一造	那务镇—化北片
平均值			46.42	452496.97	4248.02	1981856.97	4.12	33667.12	1967555.76	95.11		

填表说明：1. 上表可扩展，至少需要填报10家。

2. 上表年度数据如无法填报完整，可按实际填报。

3. 鱼塘面积指养殖户全部养殖面积的总和。

4. 总销量指养殖户年度出售罗非鱼的总量。

5. 销售收入指对应罗非鱼销售的收入，含转账、现金等形式的收入。

6. 销售收入银行流水指可由资金流水确认的罗非鱼销售收入，如银行账户流水、微信流水等。

附件 2

茂名茂南区罗非鱼产业调研情况表

客户	年度	养殖方式	鱼塘面积（亩）	总销量（斤）	平均产量（斤/亩）	销售收入（元）	每斤单价（元/斤）	每亩平均收入（元/亩）	销售收入流水（元）	有流水收入占总收入比例（%）	备注
张 × ×	2019	非密集养殖：密集养殖之外的其他情形	16. 00	160000. 00	5000. 00	608000. 00	3. 80	38000. 00	486400. 00	80. 00	一年养殖 2 批，平均 3. 7 元/斤，80% 资金收入通过银行、微信转账
	2020	非密集养殖：密集养殖之外的其他情形	16. 00	220000. 00	6875. 00	880000. 00	4. 00	55000. 00	704000. 00	80. 00	一年养殖 2 批，平均 4 元/斤，80% 资金收入通过银行、微信转账
	2021	非密集养殖：密集养殖之外的其他情形	16. 00	210000. 00	6562. 50	1008000. 00	4. 80	63000. 00	806400. 00	80. 00	一年养殖 2 批，平均 4. 8 元/斤，80% 资金收入通过银行、微信转账
柯 × ×	2019	非密集养殖：密集养殖之外的其他情形	62. 00	370000. 00	1989. 25	1369000. 00	3. 70	22080. 65	1095200. 00	80. 00	两年养殖 3 批，平均 3. 7 元/斤，80% 资金收入通过银行、微信转账
	2020	非密集养殖：密集养殖之外的其他情形	62. 00	380000. 00	2043. 01	1634000. 00	4. 30	26354. 84	1307200. 00	80. 00	两年养殖 3 批，平均 4. 3 元/斤，80% 资金收入通过银行、微信转账
	2021	非密集养殖：密集养殖之外的其他情形	62. 00	490000. 00	2634. 41	2352000. 00	4. 80	37935. 48	1881600. 00	80. 00	两年养殖 3 批，平均 4. 8 元/斤，80% 资金收入通过银行、微信转账

续表

客户	年度	养殖方式	鱼塘面积（亩）	总销量（斤）	平均产量（斤/亩）	销售收入（元）	每斤单价（元/斤）	每亩平均收入（元/亩）	销售收入流水（元）	有流水收入占总收入比例（%）	备注
吴××	2019	非密集养殖：密集养殖之外的其他情形	17.00	40000.00	1176.47	144000.00	3.60	8470.59	115200.00	80.00	一年养殖2批，平均3.6元/斤，80%资金收入通过银行、微信转账
	2020	非密集养殖：密集养殖之外的其他情形	17.00	70000.00	2058.82	294000.00	4.20	17294.12	235200.00	80.00	一年养殖2批，平均4.2元/斤，80%资金收入通过银行、微信转账
	2021	非密集养殖：密集养殖之外的其他情形	17.00	130000.00	3823.53	624000.00	4.80	36705.88	499200.00	80.00	一年养殖2批，平均4.8元/斤，80%资金收入通过银行、微信转账
杨××	2019	非密集养殖：密集养殖之外的其他情形	44.00	290000.00	3295.45	1044000.00	3.60	23727.27	835200.00	80.00	一年养殖2批，平均3.6元/斤，80%资金收入通过银行、微信转账
	2020	非密集养殖：密集养殖之外的其他情形	44.00	350000.00	3977.27	1505000.00	4.30	34204.55	1204000.00	80.00	一年养殖2批，平均4.3元/斤，80%资金收入通过银行、微信转账
	2021	非密集养殖：密集养殖之外的其他情形	44.00	370000.00	4204.55	1739000.00	4.70	39522.73	1391200.00	80.00	一年养殖2批，平均4.7元/斤，80%资金收入通过银行、微信转账

续表

客户	年度	养殖方式	鱼塘面积（亩）	总销量（斤）	平均产量（斤/亩）	销售收入（元）	每斤单价（元/斤）	每亩平均收入（元/亩）	销售收入流水（元）	有流水收入占总收入比例（%）	备注
陈××	2019	非密集养殖：密集养殖之外的其他情形	67.00	450000.00	2238.81	1620000.00	3.60	24179.10	1296000.00	80.00	两年养殖3批，平均3.6元/斤，80%资金收入通过银行、微信转账
	2020	非密集养殖：密集养殖之外的其他情形	67.00	420000.00	2089.55	1764000.00	4.20	26328.36	1411200.00	80.00	两年养殖3批，平均4.2元/斤，80%资金收入通过银行、微信转账
	2021	非密集养殖：密集养殖之外的其他情形	67.00	530000.00	2636.82	2491000.00	4.70	37179.10	1992800.00	80.00	两年养殖3批，平均4.7元/斤，80%资金收入通过银行、微信转账
钟××	2019	非密集养殖：密集养殖之外的其他情形	13.00	30000.00	1153.85	126000.00	4.20	9692.31	100800.00	80.00	一年养殖2批，平均4元/斤，80%资金收入通过银行、微信转账
	2020	非密集养殖：密集养殖之外的其他情形	13.00	35000.00	1346.15	147000.00	4.20	11307.69	117600.00	80.00	一年养殖2批，平均4.2元/斤，80%资金收入通过银行、微信转账
	2021	非密集养殖：密集养殖之外的其他情形	13.00	65000.00	2500.00	312000.00	4.80	24000.00	249600.00	80.00	一年养殖2批，平均4.8元/斤，80%资金收入通过银行、微信转账

续表

客户	年度	养殖方式	鱼塘面积（亩）	总销量（斤）	平均产量（斤/亩）	销售收入（元）	每斤单价（元/斤）	每亩平均收入（元/亩）	销售收入流水（元）	有流水收入占总收入比例（%）	备注
叶××	2019	非密集养殖：密集养殖之外的其他情形	12.00	60000.00	2500.00	240000.00	4.00	20000.00	192000.00	80.00	一年养殖2批，平均4元/斤，80%资金收入通过银行、微信转账
	2020	非密集养殖：密集养殖之外的其他情形	12.00	60000.00	2500.00	252000.00	4.20	21000.00	201600.00	80.00	一年养殖2批，平均4.2元/斤，80%资金收入通过银行、微信转账
	2021	非密集养殖：密集养殖之外的其他情形	12.00	80000.00	3333.33	400000.00	5.00	33333.33	320000.00	80.00	一年养殖2批，平均5元/斤，80%资金收入通过银行、微信转账
冯××	2019	非密集养殖：密集养殖之外的其他情形	12.00	25000.00	1041.67	100000.00	4.00	8333.33	80000.00	80.00	一年养殖2批，平均4元/斤，80%资金收入通过银行、微信转账
	2020	非密集养殖：密集养殖之外的其他情形	12.00	28000.00	1166.67	120400.00	4.30	10033.33	96320.00	80.00	一年养殖2批，平均4.3元/斤，80%资金收入通过银行、微信转账
	2021	非密集养殖：密集养殖之外的其他情形	12.00	55000.00	2291.67	286000.00	5.20	23833.33	228800.00	80.00	一年养殖2批，平均5.2元/斤，80%资金收入通过银行、微信转账

续表

客户	年度	养殖方式	鱼塘面积（亩）	总销量（斤）	平均产量（斤/亩）	销售收入（元）	每斤单价（元/斤）	每亩平均收入（元/亩）	销售收入流水（元）	有流水收入占总收入比例（%）	备注
任 × ×	2019	非密集养殖：密集养殖之外的其他情形	18.00	80000.00	2222.22	304000.00	3.80	16888.89	243200.00	80.00	一年养殖2批，平均3.8元/斤，80%资金收入通过银行、微信转账
	2020	非密集养殖：密集养殖之外的其他情形	18.00	100000.00	2777.78	400000.00	4.00	22222.22	320000.00	80.00	一年养殖2批，平均4元/斤，80%资金收入通过银行、微信转账
	2021	非密集养殖：密集养殖之外的其他情形	18.00	180000.00	5000.00	864000.00	4.80	48000.00	691200.00	80.00	一年养殖2批，平均4.8元/斤，80%资金收入通过银行、微信转账
曾 × ×	2019	非密集养殖：密集养殖之外的其他情形	11.00	80000.00	3636.36	304000.00	3.80	27636.36	243200.00	80.00	一年养殖2批，平均3.8元/斤，80%资金收入通过银行、微信转账
	2020	非密集养殖：密集养殖之外的其他情形	11.00	100000.00	4545.45	400000.00	4.00	36363.64	320000.00	80.00	一年养殖2批，平均4元/斤，80%资金收入通过银行、微信转账
	2021	非密集养殖：密集养殖之外的其他情形	11.00	120000.00	5454.55	576000.00	4.80	52363.64	460800.00	80.00	一年养殖2批，平均4.8元/斤，80%资金收入通过银行、微信转账
平均值			27.20	185933.33	3069.17	796913.33	4.27	28499.69	637530.67	80.00	

填表说明：1. 上表可扩展，至少需要填报10家。
2. 上表年度数据如无法填报完整，可按实际填报。
3. 鱼塘面积指养殖户全部养殖面积的总和。
4. 总销量指养殖户年度出售罗非鱼的总量。
5. 销售收入指对应罗非鱼销售的收入，含转账、现金等形式的收入。
6. 销售收入银行流水指可由资金流水确认的罗非鱼销售收入，如银行账户流水、微信流水等。

二、郁南篇

一、郁南县经济发展和农业农村情况

（一）经济基本情况①

1. 经济总量和结构

经济总量平稳增长。“十三五”时期，郁南县地区生产总值由2015年的88.06亿元增至2020年的123.38亿元，年均增长4.4%；2020年地区生产总值同比增长2.9%，2021年地区生产总值为138.20亿元，同比增长8.10%，两年平均增长5.5%。2016—2020年郁南县地区生产总值及其增长速度如图2－1所示。

第一产业增加值稳步增长。“十三五”期间，郁南县第一产业占比持续上升，由20.9%上升至24.6%，除2020年外，已连续4年保持增长；第一产业增加值由2016年的20.03亿元增至2020年的30.35亿元，年均增长10.95%；2020年第一产业增加值同比增长8.0%，2021年第一产业增加值33.92亿元，同比增长14.3%，两年平均增长11.1%。2016—2020年郁南县第一产业增加值和三次产业的比例变化情况如图2－1和图2－2所示。

第一产业资源投入下降较多。目前，郁南县基本确立起建材、电池和精细化工“三大百亿产业”集群在未来工业发展的主导地位。2019年，固定资产投资中第一产业投资比上年下降46.4%，2020年，固定资产投资中第一产业投资比上年下降12.3%，同时，2020年农副产品加工业增加值同比下降10.7%。

① 本篇的第一部分和第二部分内容所涉数据来自网络公开数据，如郁南县政府官网：http://www.gdyunan.gov.cn/；第三部分内容所涉郁南县银行业数据来自郁南农商银行。

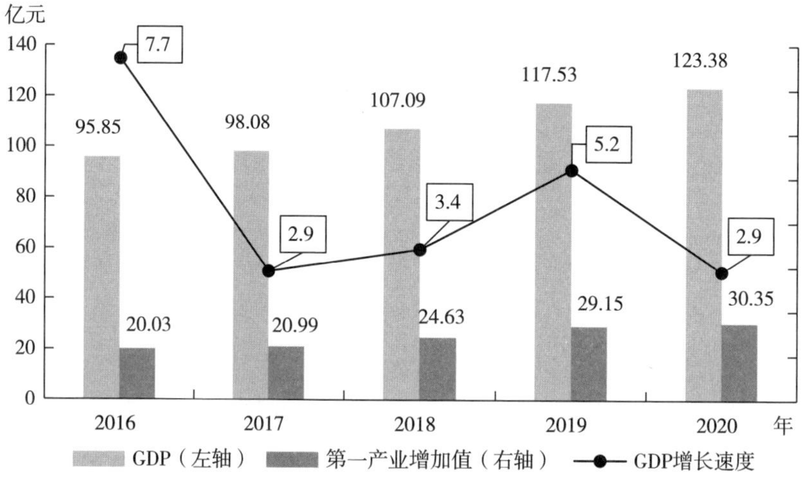

图 2－1　郁南县 2016—2020 年生产总值及其增长速度

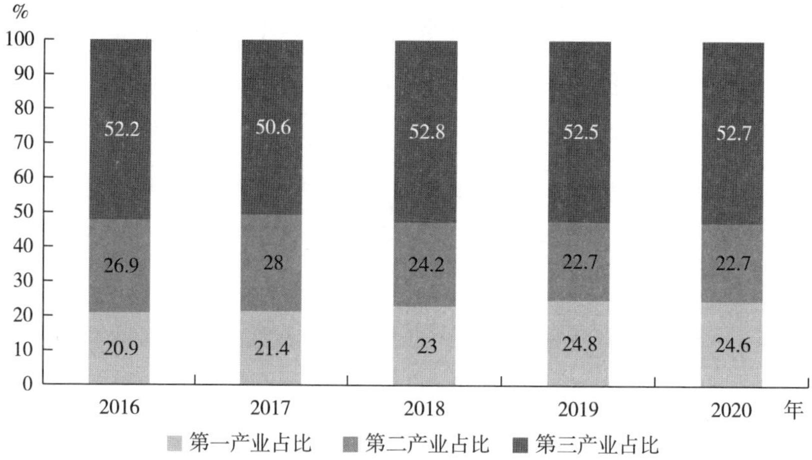

图 2－2　郁南县 2016—2020 年三次产业比例

2. 人口情况及地域分布

根据第七次人口普查结果①（见图 2－3），郁南县户籍总人口为 532679 人，其中城镇户籍人口 167230 人，占户籍总人口比重为 31.4%；

① 截止日期为 2020 年 10 月 31 日。

乡村户籍人口 365449 人，占户籍总人口比重为 68.6%。郁南县常住人口为 37.17 万人，常住人口在云浮市中排倒数第 2 位，仅多于云安区；60 岁及以上常住人口占比为 20.44%，在云浮各县区中排第 1 位，远高于全省的 12.35%，老龄化严重。与 2010 年第六次全国人口普查相比，十年间常住人口减少 1.7 万人。全年出生人口 5936 人，出生率为 11.1‰；死亡人口 4067 人，死亡率为 7.6‰；自然增长率为 3.5‰。

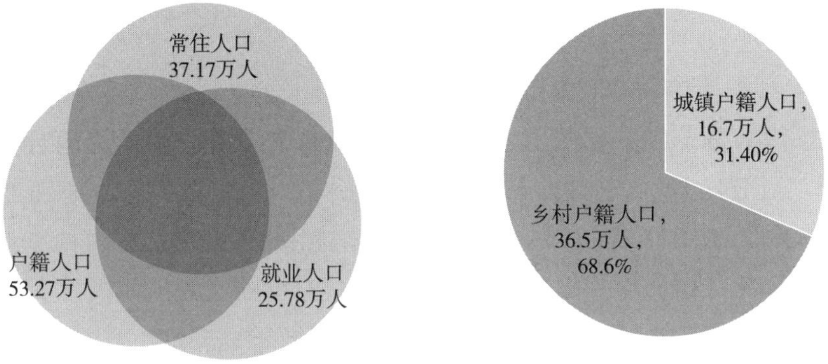

图 2-3　郁南县第七次人口普查相关数据

郁南县下辖 15 个乡镇，177 个村民委员会，23 个居民委员会，1789 个自然村。具体人口分布数量情况如表 2-1 所示。

表 2-1　郁南县各镇人口分布数量情况

人口数量	乡镇
5 万~10 万	都城镇
2 万~5 万	桂圩镇、建城镇、河口镇、东坝镇、连滩镇、南江口镇、千官镇
1 万~2 万	平台镇、通门镇、大湾镇、宋桂镇、历洞镇
1 万以下	宝珠镇、大方镇

3. 银行业经营情况

地方金融规模发展较慢，银行业存贷比略超 50%。截至 2020 年末，郁南县银行业金融机构共有 7 家，银行业金融机构本外币各项存款余额为 158.90 亿元，同比增长 4.11%；本外币贷款余额为 85.35 亿元，同比减少 1.43%；银行业机构平均存贷比 53.71%。全县银行业机构网点56个，比年初减少1个。

郁南农商银行涉农贷款占比较高，但存贷比有较大的提升空间。2020年，郁南县农村信用合作联社成功完成改制农商行工作。截至2020年末，郁南农商银行资产为87.89亿元，存款为75.21亿元，贷款为32.75亿元，剔除转贴现后，贷款为22.8亿元，其中涉农贷款占比88.90%，存贷比为43.54%。

（二）农业农村基本情况①

1. 地理区位和自然条件

郁南县位于广东省西部，辖区面积1966.2平方公里。郁南县是典型的“八分山地一分田，半分河道半分村”山区县——山地面积为230.1万亩；耕地面积为33.8万亩，其中水田21万亩。郁南县属亚热带季风气候，年平均气温为21.4℃，年平均日照1779.7小时，日平均日照4.88小时，年降雨量为1433毫米，无霜期357天，全年无酸雨。自然气候非常适合农作物的生长。

2. 特色优势农业情况

2020年，郁南县实现农牧渔林总产值为47.38亿元，同比增长7.8%，比2016年实际增长49.2%，“十三五”期间，年均增长3.9%。2021年实现农牧渔林总产值53.77亿元，同比增长17.9%，两年平均增长12.8%。

郁南县盛产以巴戟和肉桂为主的南药、水果、肉鸡、桑蚕、水稻、生猪、木材等农产品。目前，郁南县特色优势农产品种养产值在10亿元以上的，有无核黄皮和肉桂；产值在5亿～10亿元的有砂糖橘、温氏鸡；产值在5亿元以下的，有桑蚕、优质稻、荔枝和香蕉。具体如表2－2所示。

---

① 本部分内容所涉数据主要来自在郁南各地各部门的实地调研，如郁南县农业农村局等；另有部分数据来自郁南县相关统计资料，如统计年鉴，详见之后的参考文献。

表 2－2　　　主要农业产业情况①　　单位：万亩、万吨/羽、亿元

序号	品种	面积	产量	产值
1	无核黄皮	16	6.38	10.00
2	砂糖橘	15	13	9.00
3	肉桂	33	25	13.16
4	温氏鸡	—	2600	7.80
5	蚕桑	3	1.2	3.84
6	优质稻	25	10.38	3.32
7	荔枝	6	1.1	1.10
8	香蕉	2	1.8	0.63
合计	—	100	—	48.85

目前郁南县林业用地面积为 14.21 万公顷，其中，生态林 6.21 万公顷、商品林 8.00 万公顷。森林覆盖率达 72.72%，森林总蓄积量 669.89 万立方米。郁南县积极发展松、杉和黎蒴等乡土阔叶树为主的速生丰产林，发展澳洲坚果、油茶、板栗、芳樟等优质经济林及降香黄檀、沉香等珍贵树种，大力发展林下养鸡、林下养蜂、林下松脂采集和加工等林下经济项目，2020 年郁南县林业总产值达 16 亿元。

3. 农业产业化情况

郁南农业已形成优质粮食、优质禽畜、特色南药、岭南水果四大传统特色农业产业，现重点培育郁南无核黄皮、郁南无核砂糖橘、东坝蚕茧、庞寨黑叶荔枝大产业集群；同时，郁南县按照“两区两带”农业发展新格局重点推进砂糖橘、蚕桑、水稻、南药等特色优势农业产业链条建设，加快传统农业向现代农业转变，不断提高农业生产质量和效益。

郁南县积极推进无核黄皮省级现代农业产业园项目建设工作。产

① 此表的面积的合计数不包括温氏鸡；总产值合计金额会略微大于统计数。

业园规划面积为455平方公里，总投资为2.21亿元，预计产值4.7亿元。目前正推进建设现代加工基地、现代物流基地、高标准无核黄皮示范基地、无核黄皮科技示范园、科技创新中心、双创孵化区、低产果园改造提升展示基地等项目21个，已入驻企业6家；资金方面，已获得省级扶持资金5000万元；科技方面，县政府已与省农科院签订战略合作协议。未来将依托无核黄皮产业园的产业基础，打通郁南无核黄皮种植、精深加工、品牌建设、科技支撑全产业链，成为全省全产业链发展的示范。

郁南县与温氏食品集团股份有限公司合作投资兴建的郁南温氏现代产业园，占地面积约7800亩，预计年上市肉鸡4000万只，总投资约8.5亿元。该项目以合作建设家庭农场等形式开展，同步规划配套建设种禽场、饲料厂、孵化厂、技术服务中心，实现产业链全程管理的一条龙生产经营。

4. 农业主体与农业品牌情况

截至2021年末，郁南县共有农业产业化组织933个，涵盖种植、养殖、商贸流通等环节，范围涉及无核黄皮、砂糖橘、荔枝、生猪/肉鸡养殖、南药等。其中，农业龙头企业32家（省级4家、市级9家、县级19家），农民专业合作社515家（国家级示范社2家，省级14家、市级12家、县级7家），农村经纪人及种植大户548户，家庭农场386家，其中示范家庭农场68家（省级8家、市级20家）。

郁南县商事主体存续数量持续大幅增长，经济活力进一步增强。截至2021年8月末，郁南县共有商事主体约17600家，其中零售业占比超过50%，后两位分别为餐饮业、批发业。近年来，以五年为一个时间段，2015—2020年化州市当年成立的商事主体的存续数量约为2010—2015年的2倍，具体情况如图2-4所示。

郁南县积极推进“一镇（乡）一业”“一村一品”项目发展，目前已形成一批南药、无核黄皮、砂糖橘、蚕桑、肉桂等专业镇、专业

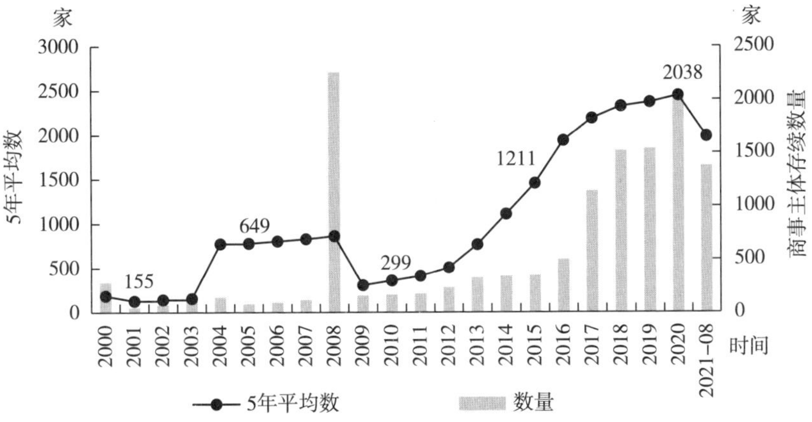

图 2－4　过去 20 多年郁南县商事主体存续情况

村、专业户；创建省级以上农业品牌 96 个，其中，国家级农业品牌 41 个，省级 55 个，包括“全国农业标准化示范县（示范产品：砂糖橘）”“广东省名牌产品（郁南砂糖橘、郁南无核黄皮）”“中国无核黄皮之乡”等；认定国家级驰名农产品商标 1 个（广东温氏），获（农业类）名牌产品 26 个；获得地理标志农产品 8 个，农产品区域公用品牌 2 个；多个农产品入选“粤字号”2019 年县域名特优新农产品区域公用品牌百强等。申报认证“郁江牌”砂糖橘、无核黄皮、黑叶荔枝、“十二岭”荔枝酒、“雁鹰山”蜜香茶等 10 个“绿色食品”。

5. 信用村①情况

2009 年，郁南县率先在桂圩镇勿坦村开始信用村建设的试点，先后出台《农村金融改革发展综合试点总体方案》《关于在桂圩镇勿坦村开展信用村、信用户建设试点工作的通知》等规章制度。2009 年 6 月，郁南县征信中心正式成立。县政府统筹地方法院、税务、供水、供电、

① 指将原农村信用社信贷员一对一了解各家各户信用状况的传统做法改成县信用联社对某个信用村整体授信的办法。原则上所有的行政村都可以成为信用村，条件是在各村成立由乡镇领导牵头，金融机构负责人参加，以村干部、党员代表、村民代表为主体组成的农户信用等级评议组，对村内所有自愿申请信用贷款的农户进行信用等级评定。郁南县信用村建设在于完善培育农村金融市场，着力于解决市场失灵并将农户推进市场。

电信等十几个单位的非银行信用信息，在当地人民银行的协助下建立了非银行信用信息查询系统。2010 年郁南县成功创建 29 个“勿坦模式”信用村。2011 年全面展开，截至 2020 年底，全县行政村基本已完成信用村评定工作，被评为优秀和较好等级的信用户可以直接获得当地金融机构信用贷款 1 万 ~5 万元，此举有力地支持了当地村民的日常消费需求或从事农业生产、种植等工作。

截至 2021 年 3 月，云浮市涉农金融机构开展农户信息建档约 9 万人，已和 71 条行政村进行签约并授信，授信人数达 2.02 万人，授信金额为 8.59 亿元，累计发放贷款 6332.78 万元。[①] 郁南县信用村建设情况如图 2 – 5 所示。

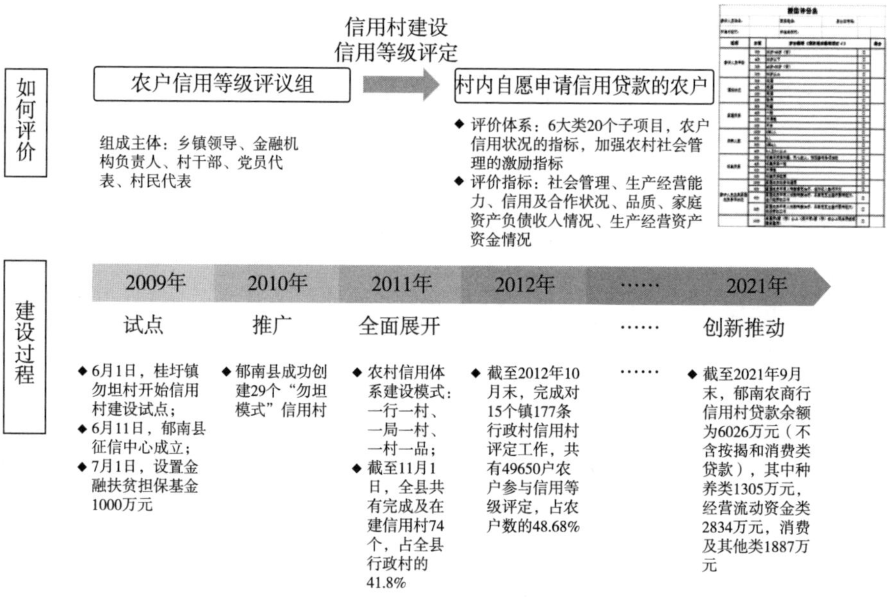

图 2 – 5　郁南县信用村建设情况

① 调研中发现信用村建设主要存在以下 4 个困难或问题：一是政务数据对接共享不够充分；二是农户信用建档和信息维护更新管理工作难度大；三是银行惠农产品服务创新不足；四是产业规模制约农户信贷需求。

（三）农业产业规划[①]

郁南紧扣“全力打造大湾区生态产品供给地和经济发展新腹地”的目标和定位，一是围绕建设大湾区“果盘子、菜篮子、米袋子、水缸子”，坚持农业农村优先发展，以实施乡村振兴战略为总抓手，以一二三产业融合发展为路径；二是统筹现代农业产业发展布局，立足资源禀赋、地理环境与区位优势，加快传统农业向现代农业转变，不断提高农业生产质量和效益；三是着力加强农村基础设施建设，大力发展设施农业，提升农业科技支撑，保障农产品质量安全，提高农业组织化程度，发展农产品物流业（见图2－6）。

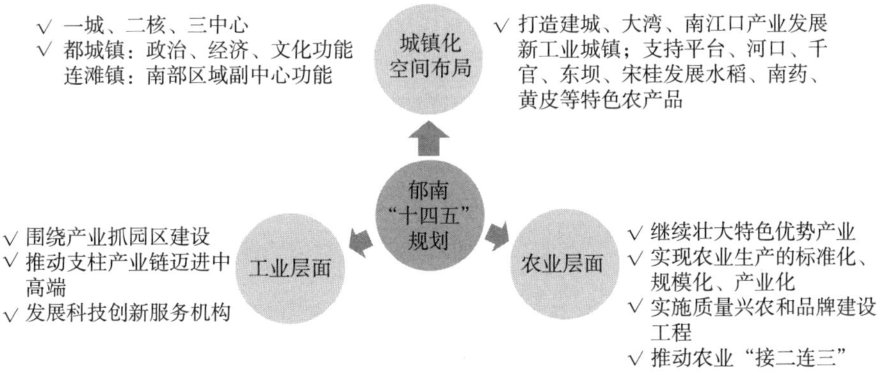

图2－6　郁南县“十四五”规划简介[②]

1. 优化农业农村布局，打造产业发展新格局

一是按照“两圈（区）两带”农业区域布局[③]、各区域农业主体功能，综合考虑区域所处自然环境、农业发展基础、区位条件，以打造精

① 本部分内容所涉数据和相关产业规划内容主要来自《郁南县农业农村现代化“十四五”规划（2021—2025年）》（征求意见稿）、《郁南县国民经济和社会发展第十四个五年规划和2035年远景目标纲要》。

② 一城，即生态之都、宜居之城；二核，即以都城镇为县城主核，连滩镇为县城副核；三中心，即以建城镇、“千官镇＋大湾镇”、南江口镇作为产业中心。

③ 郁南县农业区域划分为北部果园区、南部桑田区、生态果园休闲带和南江文化休闲带。

品水果为目标，重点发展砂糖橘、无核黄皮等特色优势水果和水稻、蚕桑、南药等产业，着力打造精品果业与优质蚕桑；围绕无核黄皮、柑橘和蚕桑等特色产业，着力建设岭南优质水果集散区、生态休闲观光农业实验区和山区现代特色农业发展样板区。

二是依托郁南无核黄皮产业园的产业基础，打通郁南无核黄皮种植、精深加工、品牌建设、科技支撑全产业链，打造全省特色优质水果全产业链示范区，成为全省全产业链发展的示范。

三是做强现代畜牧业、稻米、南药、水果等传统优势特色产业，“十四五”期间，继续申报 1 ~2 个现代农业产业园，着力培育多个产值超过 10 亿元的现代农业产业园，争取培育 1 个以上产值超过 10 亿元的农业产业强镇和 1 个产值超过 1 亿元的特色产业专业村。

2. 优化农业产业化发展路径，推动乡村产业振兴

一是继续壮大特色优势产业，打造富民兴村特色产业。大力推进省“一镇（乡）一业”“一村一品”战略，推动南药、无核黄皮、砂糖橘、蚕桑、温氏肉鸡等特色农产品向区域优势资源地聚集；优化发展特色蔬菜、优质稻、花卉苗木、生态茶叶，推进金煌芒、澳洲坚果、香蕉、茶叶、蔬菜、鸡心黄皮等新品种种植示范基地建设，推动无核黄皮、柑桔、蚕桑生产基地等大宗特色农业的标准化生产；推广“研发+生产+基地”种植模式，以龙头企业牵引和合作社带动，构建具有郁南特色的现代农业产业体系。

二是引导市场主体扩大生产规模，逐步实现农业生产的标准化、规模化、产业化。大力培育新型职业农民、专业大户、家庭农场、农民专业合作社、龙头企业、农业社会化服务组织等各类新型农业经营主体和服务主体，力争到 2025 年新增省级农业龙头企业 2 家，农民专业合作社 100 家，培育新型职业农民 1000 人。

三是实施质量兴农和品牌建设工程，打造大湾区生态农产品供给地。加强农产品质量安全追溯和责任主体逆向溯源管理、产品流向正向追踪，

推动部省农产品质量安全追溯平台对接、信息共享。加强郁南无核黄皮、郁南无核砂糖橘、东坝蚕茧、庞寨黑叶荔枝等地理标志产品的品牌建设；着力打造一批“粤”字号农产品区域公用品牌和国家、省级名特优新农产品；引导农业产业化龙头企业、农民合作社、家庭农场等新型经营主体将经营理念和价值观念等注入品牌，着力培育企业品牌。

3. 提升加工环节附加值，实现一二三产业融合发展

一是推动农业“接二连三”，加快发展精深加工，加强“农业+”融合发展。谋划建设岭南特色水果种植及深加工技术研究院，加快建设现代农业产业园（无核黄皮），持续改进无核黄皮等岭南特色优势水果的精深加工工艺，补齐精深加工冷链物流、农牧装备等产业链薄弱环节；推动肉鸡、生猪、无核黄皮、肉桂等产业全链条发展；加快推进温氏产业园项目和正邦集团现代循环农业生态园项目建设；大力推进南药精深加工，打造南药精深加工集聚地，加快郁南黄皮南药生产加工物流基地建设。

二是做活商贸物流，推进农产品加工与销区对接。大力扶持在特色农产品优势区布局产地批发市场、物流配送中心、商品采购中心、大型特产超市，支持新型经营主体、农产品批发市场等建设产地仓储保鲜设施，发展网上商店、连锁门店；通过在大中城市郊区布局中央厨房、主食加工、休闲食品、方便食品、净菜加工和餐饮外卖等，满足城市多样化、便捷化需求；发展“中央厨房+冷链配送+物流终端”“中央厨房+快餐门店”等加工环节与市场需求对接新模式。

三是积极探索农业与服务业的融合新模式，拓展观光农业、康养农业等多功能业态。健全农业社会化服务体系，引进农业社会化服务组织，为农户提供生产、金融、信息、销售等服务；加强农产品初加工、仓储物流、市场渠道拓展等产加销关键环节服务供给，促进小农户与现代农业有机衔接，引导各村镇建设连锁超市、田园综合体、游客接待场所等商业设施；实施“一镇（乡）一业”“一村一品”行动，加快黄皮特色小镇、巴戟小镇建设步伐，建设一批示范镇、村；推广桂圩镇桂

圩村田园综合体项目，发展集南药种植、观赏种植等乡村旅游项目为一体的田园综合体；鼓励社会资本参与发展农村养老服务业和休闲生活服务业。

二、郁南县农业农村发展的现状、问题和机遇

郁南县坚持生态立县、产业兴县，全力以赴推动“生态之都、宜居之城”建设。近年来，郁南县紧紧抓住广东省创建现代农业产业园机遇，利用特色农产品品牌，积极引进农业龙头企业，打造全链条产业带。全县农村产业发展逐渐形成无核黄皮、砂糖橘、南药等初具规模化基础的农产品版图。

（一）主要农业产业发展初具基础

1. 现代农业加快发展

近年来，郁南县大力发展南药、无核黄皮等富民兴村特色产业，推动无核黄皮、砂糖橘、蚕桑、南药、温氏肉鸡等优势农产品向区域优势聚集，已形成一批无核黄皮、砂糖橘、蚕桑、肉桂等专业镇、专业村、专业户。据统计，郁南县有专业村 742 个，占全县自然村总数的 45%，专业户达到 44500 户，占全县农村总户数的 45.6%，郁南县特色农业经济收入占全县农民人均收入的 50%，成为农业增效、农民增收的支柱产业。

表 2－3　　“十三五”期间主要农产品产量发展情况①

单位：万吨、万头、万只

指标	2015 年	2016 年	2017 年	2018 年	2019 年	2020 年
粮食总产量	11.15	11.96	12.53	12.86	13.11	12.98
蔬菜总产量	3.04	3.45	3.61	3.82	3.99	4.13

① 数据来源：《郁南县农业农村现代化“十四五”规划（2021—2025 年）》（征求意见稿）。

续表

指标	2015 年	2016 年	2017 年	2018 年	2019 年	2020 年
水果总产量	16.06	16.43	17.54	19.47	19.72	20.40
出栏生猪	8.94	9.79	9.87	9.87	11.63	13.95
出栏家禽	1867.05	1941.94	2180.11	2412.04	3493.47	3822.37
水产品总产量	0.79	0.86	0.94	1.02	1.10	1.19
肉类总产量	2.44	2.84	2.98	3.07	3.28	3.87

2. 特色优势产业不断壮大

郁南县瓜果飘香，特产丰富，最为出名的当属无核黄皮，是“中国无核黄皮之乡”。近年来，郁南坚持把发展无核黄皮作为调整农业产业结构、促进乡村振兴的战略性主导产业来抓。

一是规划建设无核黄皮现代农业产业园，总投资达 22086.88 万元，主要建设现代加工基地、现代物流基地、高标准无核黄皮示范基地、无核黄皮科技示范园、科技创新中心、双创孵化区、低产果园改造提升展示基地等，通过建设产业园做优做大做强无核黄皮产业，无核黄皮深加工。在郁南无核黄皮产业园的引领带动下，郁南无核黄皮种植面积从 7.8 万亩增加到 16.3 万亩，总产量从 4.1 万吨增加到 6.38 万吨，园区新增加工企业 11 家，黄皮日处理量 50 吨（预计二期建设完成后黄皮日处理量可达 80 吨），带动农户 1.35 万户，户均增收 1.25 万元。

二是加强与广东省农科院、华南农业大学、仲恺农业工程学院等科研机构及高校合作，创新和改良生产技术及种植技术，研发了一系列的黄皮深加工产品，形成了涵盖种植、加工、农业投入品销售、网络销售、餐饮等全产业链条。截至 2020 年 12 月，全县无核黄皮产业从业人员近 20 万人，涵盖种植、加工、销售、包装材料、交通运输、农村经纪、果品流通、网络销售、餐饮等多个行业和领域，2020 年创造出超过 30 亿元的经济价值。

3. 现代农业产业平台和品牌建设加快

目前，郁南县已获批省级现代农业产业园 1 个、“一村一品”农业特色专业村 11 个，初步完成“一县一园”“一镇（乡）一业”“一村一品”现代农业发展新格局。与此同时，新建省级以上农业标准化示范区6个，开展农业标准化研究项目12个，商品生产基地8个；认定国家级驰名农产品商标1个（广东温氏），获（农业类）名牌产品26个，地理标志农产品8个。郁南无核黄皮和无核砂糖橘入选“2019年度广东省产业扶贫十大农产品区域公用品牌”，2个农产品区域公用品牌入选“粤字号”2019年县域名特优新农产品区域公用品牌百强。

（二）乡村产业振兴的制约因素

尽管郁南无核黄皮、砂糖橘、南药产业发展态势良好，产业化程度、品牌建设不断完善，作为农业大县，整体而言郁南县的农业社会化、农业现代化、农业多元化仍处于基础水平，发展面临“瓶颈”和制约。

1. 区域竞争视角：经济相对落后，基础设施建设亟须加强，资金、信息、人才等要素不断流失

一是郁南整体经济总量偏小，经济基础薄弱。郁南山多地少，可供发展的建设用地、连片用地不足，产业园基础设施配套还不完善，大型、大规模产业与项目难以落地。相对于广州都市圈的县（市、区）大手笔谋划、大平台支撑、大项目推进、大力度建设的强劲势头，郁南的发展速度明显落后，推动高质量发展的体制机制有待于进一步完善。二是区域竞争加剧，形成“虹吸效应”。郁南位于云浮市西北部，尽管拥有交通便利、人力资源、土地资源等优势，但是由于德庆县、封开县、罗定市、梧州市等周边市县的“虹吸效应”，郁南县资金、信息、人才等要素不断流失，加上经济综合实力较小，产业带动性不强，教育资源、医疗资源、基础设施配套等方面不够突出，难以突破制约发展“瓶颈”。

2. 产业发展视角：农业产业规模化、现代化程度不足，产业化发展程度不够高

一是农业产业化仍处于低水平，且“小、散、弱”特征明显。

从横向比较看，当地农业产业化仍处于低水平。郁南县拥有水果、

稻米、南药等传统优势特色产业，作为“果盘子”“菜篮子”“米袋子”，郁南县农业产业整体发展水平较低，农业生产的质量和效益亟须提高。2020 年郁南无核黄皮被列入全国名特优新农产品名录，2021 年郁南无核黄皮、无核砂糖橘被列入特色农产品优势区产品，但竹笋、郁南草鱼、粉葛、郁南油栗、状元米等农产品的种植规模、产业化程度、品牌知名度仍比较低。

从纵向比较看，农业产业的“小、散、弱”特征明显。截至 2021 年 8 月末，郁南特色优势产业无核黄皮和砂糖橘的商事主体规模分别为 90 家和 75 家，其中公司企业仅分别为 10 家和 6 家；同期化州的化橘红和罗非鱼两产业的商事主体规模分别为 800 余家和 4700 余家，其中公司企业分别超过 400 家和 1700 家。两地相比，郁南主要农业产业发展规模不仅数量上有差异，而且差别一个数量级。

二是主要农业产业附加值仍不高，企业自主创新能力较为薄弱，产业聚集的特征还不明显。一方面，产业基础设施建设不完善导致主要农业产业附加值有待提高。农业产业链完善程度的高低决定了终端农产品的价值高低。总体上讲，完善的农业产业链包括种植、加工、研发、生产、仓储运输和品牌营销等多个环节。以无核黄皮为例，调研发现，无核黄皮具有明显季节性，果实成熟后如遇到下雨天气容易开裂，且极不耐贮藏，即使放在冷库中果皮颜色也容易变褐色。郁南县的农产品冷链物流发展跟不上产业的发展步伐，对无核黄皮保鲜的技术研究较少，给后续的保鲜和加工带来了很多不利的因素，限制其应用范围。从产品上看，加工品种也仅是黄皮蜜饯、黄皮酒和无核黄皮饼有较好的经济效益，“爆款产品”仍不明显，相关配套产业有待逐步集聚。正因如此，导致无核黄皮种植环节的产值为 10 亿元，加工产值仅为 20 亿元，产业增值比例为 1:2；而位于佛山南海西樵镇的广东 HS 水产公司的蹦蹦鱼系列预制菜可以实现 1:10 的产业增值比例。

另一方面，企业自主创新不足，产业集聚特征不明显。以无核黄皮产业为例，根据实地调研和访谈考察，当地政府已明确提出完善无核黄皮全产业链布局思路，全力打造无核黄皮产业园，总体形成以都城镇无核黄皮加工物流园为核心，涵盖无核黄皮仓储、加工、物流、科研、服务一体化核心区。当地一些领先的无核黄皮加工企业，已逐步加强技术研发和产品创新，尝试破解防裂果、采后保鲜等难题，探索开展药食同源产品开发和休闲观光等新型农业功能。但从调研组走访情况看，目前无核黄皮产业园已引进五家无核黄皮加工企业进驻，厂区多处工地正在施工，园区道路、管网铺设等基础设施仍有待完善，企业产能布局投资仍较为滞后，产业提质增效仍有待加强。

3. 市场主体视角：农业市场主体规模较小，龙头企业的数量和示范带动效应不强

一是从事优势农业市场主体仍比较少。据统计，截至 2020 年末，郁南县共有农业龙头企业 32 家，农民专业合作社 515 家，农村经纪人及种植大户 548 户，家庭农场 386 家，共培育农业产业化组织 933 个，涵盖种植、养殖、流通等行业，范围涉及砂糖橘、无核黄皮、木薯、荔枝、肉桂、生猪养殖、农机、中药材等特色产业，但整体产业化运作水平不足，家庭小作坊、小型合作社的数量居多，产业集聚效应不高。

二是龙头企业的数量以及示范效应作用还有待进一步提升。近年来，郁南县的主要农产品未能围绕大市场、大流通的发展定位，加工技术升级缓慢，标准化、自动化程度不高，未能很好地形成规模效益大、产业关联度广、带动作用强、技术水平高的优质农业项目。砂糖橘方面，郁南当地砂糖橘主要以鲜果分拣销售为主，果农分散，种植大户较少，缺乏集基地种植、加工包装、冷藏保鲜、仓储物流、电商交易、品牌营销等功能为一体的大型龙头企业，对于果汁、果脯、柑橘果干、橘粉及固体饮料、柑橘冰淇淋雪糕、果茶、果胶、酵素等砂糖橘精深加工相关产品比较少，示范效应作用还有待进一步提升。无核黄皮方面，郁南当地无核黄皮深加工企业仍较少，在整合人才、技术、资金，推进黄

皮产业协同创新和成果转化，黄皮保鲜、黄皮加工等关键环节的技术突破还有待加强。此外，对无核黄皮的品牌宣传推介力度不够，虽然无核黄皮节连续举办了近20年，但举办规格和方式有待提升和改进（如文化节采取云广深三城互动和线上线下融合开展方式），影响范围相对有限，无核黄皮全国知名度仍有待进一步培育。

4. 发展模式角度：农业发展模式单一，缺乏现代农业经营机制

一是缺乏良种推广、农资供应、农技指导、农机服务、病虫统防统治等农业专业化服务组织。二是新型农业经营主体与农户之间的利益联结不牢固，新型经营主体整体规模小，农民收入结构较单一，增收渠道还不够宽。三是从业农民特别是专业大户、专业合作组织、农业龙头等生产经营者的农业标准化、职业技术和经营管理等培训力度有待加强。四是基于湾区的品牌营销机制尚未有效发挥作用。在调研走访中发现，当地主要的黄皮食品加工企业（见图2－7），其年销售额一般为500万～1000万元，比如广东康美先食品有限公司、郁南县江南酒业有限公司、郁南县都城镇鸿润凉果厂和郁南县亲群食品有限公司等加工企业，其无核黄皮及相关加工产品的销售网络仍不完善，尤其欠缺在发达一线城市的销售团队和营销推广，大湾区的终端需求市场有待进一步挖潜。

图2－7　郁南县黄皮加工产业园一隅

（三）乡村产业振兴的未来机遇

1. “十四五”规划重点农业项目有利于促进农业社会化发展

根据《郁南县国民经济和社会发展第十四个五年规划和2035年远景目标纲要》，郁南县将谋划建设岭南特色水果种植及深加工技术研究院和无核黄皮产业带，申报建设无核黄皮优势产区现代农业产业园，争创省级农业科技产业园，推动无核黄皮产业园扩容提质增效，加快“黄皮小镇”建设。同时，推进金煌芒、澳洲坚果、香蕉、茶叶、蔬菜、鸡心黄皮等新品种种植示范基地建设，推动无核黄皮、柑橘、蚕桑生产基地等大宗特色农业的标准化生产。郁南农业产业建设项目规划如表2－4所示。

表2－4　郁南农业产业建设项目规划

郁南黄皮南药生产加工物流基地（郁南黄皮小镇）	总建筑面积为100万平方米。建设无核黄皮南药一二三产业融合，其中包括种植、加工、物流、郁南县无核黄皮现代农业产业园、世界黄皮公园、文化产业基地、风情街、酒店、游客服务中心、康养度假区、停车场、度假公寓、公共配套、生活配套建设等	15亿元
郁南县农产品冷链物流设施建设项目	项目总占地面积为6473平方米，总建筑面积为10200平方米，新建7栋仓库分拣车间，建设5条半自动分拣线，建设冷库总容积为19600立方米，购置14辆冷藏车辆、营运配送车7辆、叉车14台及附属设备	1.1亿元
建城世界黄皮公园	完善世界黄皮公园内基础设施及配套设施建设	10亿元

2. 科技支撑，用大数据打造智慧农业

从1990年的1000多亩，到2021年的16.3万亩、产值30亿元，郁南无核黄皮产业不断发展壮大，需要依靠农业现代化技术。据悉，目前郁南政府引入数字化技术，通过物联网技术、农业大数据平台对上万亩无核黄皮基地进行数字化改造，利用“农眼”智能监测基站对全县无核黄皮种植地进行管理，并基于对种植端气象及土壤的监测分析，实现精准种植。同时，通过应用区块链可溯源专利技术，让郁南无核黄皮实现了品质和产地源头可溯，进而提升了品牌溢价空间。借助可视化溯源技术及特色品牌打造，郁南无核黄皮真正实现了“原产地特色农产品，一站式直达餐桌”。目前郁南全县的无核黄皮农场年平均化肥用量减少10%，生产成本减少8%，产量平均提高15%，户均增收超4000元。数字化改造让郁南县农户真正实现了农业增效、农民增收。

3. 农业信息化应用有利于打开农产品终端市场，拉动产业发展

郁南县是省级电子商务进农村综合示范县，近年来，郁南县大力推进电商进农村工作，通过建设县农村电子商务公共服务体系，在全县建设149个镇、村农村电子商务服务站，服务站点覆盖70%以上的行政村。未来，郁南县可依托电子商务产业园和全县150个益农信息社，持续深化“互联网+”效应，加强农产品产地市场建设和流通体系与农产品电子商务的有效对接，加快提升农民互联网应用能力和信息化水平，保障农产品流通网络通畅，提升优势农产品的品牌价值和产品价格。

4. 政策支持有利于培育新型农业经营主体

目前，郁南县按照“创新发展现代农业体制，提高农业经营规模和效益”要求，大力推进新型农业经营体系建设，不断创新现代农业经营机制，初步形成了以“农业龙头企业、农民专业合作社（联社）、种养销大户、家庭农场”四大主体为重点的新型农业经营体系，力争到2025年新增省级农业龙头企业2家，农民专业合作社100家，培育新型职业农民1000人。同时，根据《郁南县国民经济和社会发展第十四个五年规划和2035年远景目标纲要》，大力扶持农业龙头企业、农民专业合作社发展，引导企业扩大生产规模，逐步实现农业生产的标准化、规模化、产业化。构建现代化农业经营体系，大力培育新型职业农民、专业大户、家庭农场、农民专业合作社、龙头企业、农业社会化服

务组织等各类新型农业经营主体和服务主体，巩固完善农村基本经营制度。

5. 信用村建设为后续金融支持乡村振兴奠定良好基础

早在2009年，郁南县率先在全国推进农村信用体系建设，开发农村信用信息平台，建立信用信息共享应用机制，探索形成了特色化的农村信用体系建设，较好地发挥了信用信息服务对“三农”融资的支持作用，有效地促进了农村经济发展。郁南县可持续搭建良好的银村合作平台，一是持续推进信用村创建和农户信用贷款投放，坚持成熟一个、发展一个，持续开展信用户评定工作，科学优化信用村建设流程、信用村管理、优惠政策等。二是营造守信氛围。借助信用村建设的有利时机，开展多方位、多角度的征信知识宣传活动，宣传个人信用记录的重要性，引导公众关爱信用记录并提升社会公众的信用意识及个人信用保护意识，为信用村建设夯实基础。三是优化金融服务。持续开展“送金融知识下乡”“送贷下乡”活动，打造“阳光信贷”服务名片，不断推出线上产品和功能，简化贷款办理流程，提高放贷效率，提升客户服务体验。截至2021年3月，云浮市涉农金融机构开展农户信息建档约9万人，已和71条行政村进行签约并授信，授信人数为2.02万人，授信金额为8.59亿元，累计发放贷款6332.78万元。

三、郁南县乡村产业振兴金融需求分析

根据上文所述，目前郁南大宗特色优势农业种养具体情况如下：无核黄皮种植面积约16万亩，产量约6.38万吨，包括加工在内的整个产业年产值约30亿元；砂糖橘种植面积约15万亩，产量约13万吨，整个产业年产值约9亿元；两大产业在郁南市农业产值中占比约20%。以下以无核黄皮和砂糖橘产业作为代表，对郁南农业产业结构进行分析。

（一）乡村振兴特色产业——无核黄皮

1. 无核黄皮的产业概况

数据显示，无核黄皮种植面积约16万亩，产量约6.38万吨，包括加工在内的整个产业年产值约30亿元，该产业中有着广东亲群食品科技有限公司、广东云浮叶氏国际贸易有限公司等优秀企业。无核黄皮是郁南产值最高的单一农产品。

2. 无核黄皮的产业结构分析

无核黄皮产业结构相对单一，主要成员有农资商、种植户、流通商和加工企业四方。产业链如图2－8所示，种植户通过村委出租土地，从农资商手中购买树苗、肥料等黄皮种植所需物资，黄皮挂果后售卖给加工企业或是鲜果销售商收回货款。

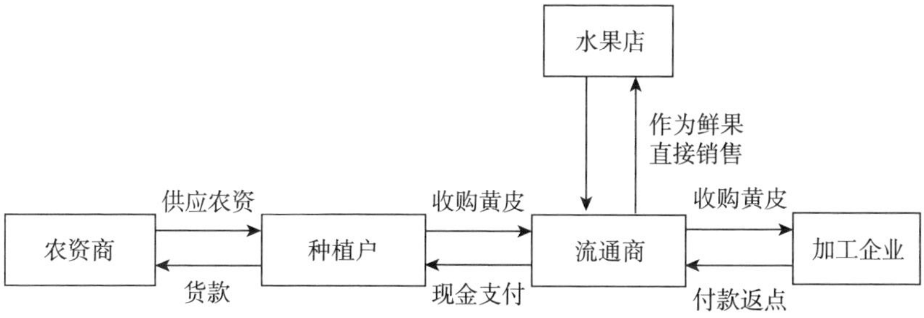

图2－8　无核黄皮种植产业链

（1）种植户经营状况及金融需求分析

据当地农户反映，一亩黄皮种植前三年需要前期投入2500元/年，前三年合计7500元。第四年开始每年需要运营资金3300元，产出黄皮产值约12500元，挂果之后一年内可以收回育苗成本。

从总体资金量上来看：种植户在果树种植的前三年面临着资金持续投入的压力，从第四年开始，黄皮开始挂果并销售才能实现资金回流，这使种植户在新开发种植园或者扩大生产时存在较大资金压力和潜在金融需求。在此之后的十几年里，种植户的自有资金可满足其种植资金需要。郁南县现有无核黄皮种植面积为13.6万亩，目标种植面积为25万亩。如果按每亩资金需求为2000元计算（每亩投入2500元，其中80%由信贷资金支持），新增的11.4万亩合计共有22800万元的资金需求。

（2）流通商经营模式及金融需求分析

流通商生产经营模式单一，即从种植户收购黄皮，销售给水果零售商或是无核黄皮加工企业，赚取中间的差价。成本集中在无核黄皮采摘、运输过程中的人工费、运费。

2021年郁南县全县的无核黄皮总产量为6.3万吨，通常收购价为每斤4～10元，如果按照均价7元/斤（在果园的收购价约4元/斤，流通至市场上售价约7元/斤）进行粗略计算，那流通商每年收获季节的资金流动总量达到88200万元（未计运输、人工等成本）。由于部分加工企业直接向种植户收购鲜果，不经过流通商，所以流通商在整体市场中占据的份额难以具体计算，初步按流通商经手80%的无核黄皮计算，假设一年资金可以流转10次，则流通商的资金总量可达7056万元。如果银行提供其中25%的资金，则有1764万元的信贷空间。

（3）黄皮加工企业经营模式及金融需求分析

黄皮加工企业的生产模式是收购未完全熟透的黄皮鲜果，经冷库储存，加工制成黄皮果干、黄皮饼等产品进行销售。黄皮加工企业的存在不仅为无核黄皮提高了附加值，产生了更高的经济效益，同时还是黄皮行情的平衡调节器，使黄皮鲜果行情多年来波动不大。

据实地调研了解，郁南黄皮深加工产值受限于两大原因。在生产端，以往的作坊式加工厂不够工业化、标准化，无法满足大规模生产的需要，使企业无法承接专业食品集团的大订单。在销售端，零售渠道难以铺开，黄皮饼、月饼等特色产品的销售集中于当地线下特产店售卖，出货量有限，对外销路并未完全铺开，产品无法触及目标消费群体。无核黄皮的精深加工资金需求主要集中在生产设备投入和销售费用。在郁南政府大力推动下省级“无核黄皮产业园”正在建设中，预计投入资金2.2亿元，假设其中银行信贷资金占比20%，预计信贷规模可达4400万元。

此外，无核黄皮的精深加工发展模式还将进一步提升对金融的需求。当前的加工企业以简单加工为主，实际上无核黄皮还有很大的深加工空间值得挖掘。在实地调研的过程中，当地无核黄皮加工行业龙头企业康美先公司董事长朱先生表示，除了现有的黄皮干、黄皮饼之外，黄皮加工还有着更多的可能性，康美先公司正在加大投入研发新的黄皮加工产品如黄皮冲剂、黄皮果酱等。黄皮果酱在初步试产后已受到广州酒家、广州长隆集团关注并签署了一定量的订单，这说明无核黄皮在加工上还有更多的潜力，可以开发出更多受市场欢迎的黄皮产品，延长产业链条，提高产品的附加值。

3. 黄皮产业链资金需求汇总

无核黄皮产业资金需求情况如表2－5所示。

表2－5　无核黄皮产业资金需求　单位：万元

环节	产值	已投放	可投放	备注
种植户	63800	233.34	22800	种植户产值＝黄皮产量×单价。新增的11.4万亩如果按每亩资金需求为2000元计算，合计共有22800万元的资金需求
流通商	17900	0	1764	流通商产值＝销售额－采购成本。无核黄皮流通金额88200万元，假设流通商经手80%，周转10次，信贷支持25%，则有1764万元的信贷空间
加工企业	218336	0	4400	加工企业的产值由郁南黄皮产业的全产业链产值减去其他生产环节的产值估算得出。“无核黄皮产业园”预计投入资金2.2亿元，假设其中银行信贷资金占比20%，预计信贷规模可达4400万元
全产业链	300000	233.34	28964	全产业产值30亿元，各环节可投放合计约2.90亿元信贷资金

（二）乡村振兴特色产业——砂糖橘

1. 砂糖橘产业概况

2020年，郁南县砂糖橘种植面积15万亩，主要分布在郁南县平台镇、建城镇、桂圩镇、历洞镇、河口镇，年产量为13万吨，产值9亿元。

2. 砂糖橘的产业结构分析

砂糖橘的全产业主要参与者有农资商、种植户、收购商和加工企业四方。产业链如图2－9所示，种植户通过村委会居委会或政府租用土地，向农资商购买种苗、药品、化肥等生产物资用于种植砂糖橘果树，砂糖橘挂果后售卖给流通商收回货款。

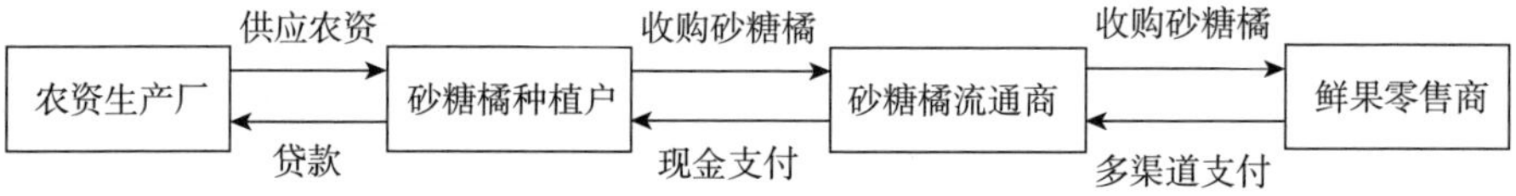

图2－9　砂糖橘产业链

（1）种植户经营概况及金融需求分析

砂糖橘从种植到挂果需要两年到三年，挂果之后产量会逐年增长，三四年之后达到巅峰。据农户反映每亩砂糖橘前三年投入约有15000元，三年之后可以挂果，每年投入3000元左右即可，亩产余额2000斤，按4元/斤的价格出售，利润约有5000元[①]。经营良好的果园可以在挂果后三年内收回成本，第四年之后的单年毛利可以达到10000元/亩以上。挂果前的投入成本如表2－6和图2－10所示。

表2－6　砂糖橘育苗成本　　单位：元、元/亩

成本	分项成本				
	租金	种苗	肥料	药物	其他
14200	2400	500	5000	5000	300
占比	16.90%	3.52%	35.21%	35.21%	2.11%

① 数据来源，农村创业者联盟。

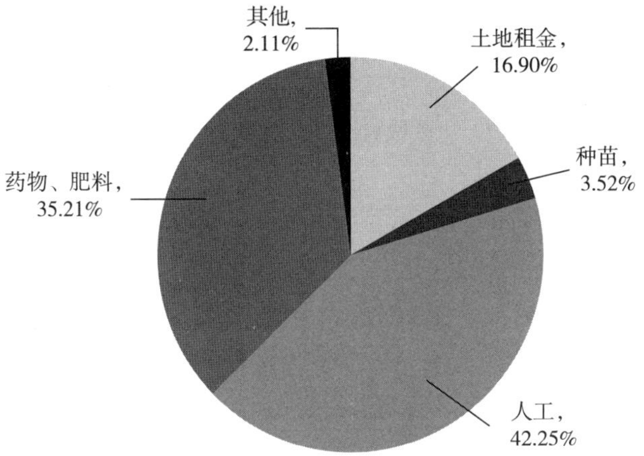

图 2－10　砂糖橘种植成本

从需求上分析，砂糖橘种植中的资金需求体现在两个方面，一是挂果期之前有长达四年的时间来栽树、育苗，相当于一个固定资产投入、建设的过程；二是在挂果之后，仍需要投入资金购买药物肥料、雇用工人进行持续维护。砂糖橘种植面积随着市场行情的变化而变化，近年来砂糖橘行情有所下跌，市场价持续走低，砂糖橘种植面积新增不大，种树育苗所带来的资金需求量有限。为测算持续经营带来的资金需求，砂糖橘 2000 元至 3000 元的养护成本中取最低值 2000 元/亩，种植面积 15 万亩，总投入达 3 亿元。假设由银行信贷资金支持其中的 10%，信贷规模可达 3000 万元。

（2）流通商经营模式及金融需求分析

砂糖橘流通商生产经营模式单一，即从种植户收购砂糖橘，销售给水果零售商赚取中间的差价。成本集中在砂糖橘采购以及砂糖橘采摘、运输过程中的人工费、运费。

2021 年郁南县全县的砂糖橘总产量为 13 万吨，种植环节产值为 9 亿元。几乎所有果农都会将砂糖橘卖给流通商，假设流通商的资金可以周转 10 次，则流通商的资金总量可达 9000 万元。如果银行提供其中 10% 的资金，则有 900 万元的信贷空间。

3. 砂糖橘产业链需求汇总

砂糖橘产业资金需求情况如表 2-7 所示。

表 2-7　　砂糖橘产业资金需求　　单位：万元

环节	产值	已投放	可投放	备注
种植户	90000	195.44	3000	砂糖橘 2000 元至 3000 元的养护成本中取最低值 2000 元/亩，种植面积为 15 万亩，总投入达 3 亿元。假设由银行信贷资金支持其中的 10%，信贷规模可达 3000 万元
流通商	90000	0	900	流通商的资金总量可达 9000 万元。如果银行提供其中 10% 的资金，则有 900 万元的信贷空间
全产业链	180000	195.44	3900	

（三）乡村振兴特色产业——其他产业

根据上文的表 2-2 可知，郁南县产值较大的前八个产业总产值之和约为 49 亿元，其中，无核黄皮产值为 10 亿元，砂糖橘产值约为 9 亿元。根据本章的测算，无核黄皮和砂糖橘的产业资金需求分别在 2.90 亿元、0.39 亿元。除了无核黄皮和砂糖橘以外的其他特色优势产业，产业发展规模、商业化程度、产值占比均低于无核黄皮和砂糖橘，预计单个产业资金需求也低于无核黄皮和砂糖橘产业，但总体来看，整个郁南县特色优势产业的资金需求都将远超过无核黄皮和砂糖橘两个产业的合计数。

四、郁南县乡村产业振兴金融产品方案

（一）乡村产业振兴的金融策略

基于前述对郁南农业产业的分析，农业及农业经营主体都呈现散、小、弱的特征，农产品虽然丰富，但却无法形成产业规模化，农产品经

营普遍存在“四难”问题，即融资难、销售难、控制成本难、防控风险难。因此，实现农业农村乡村振兴，我们要聚焦农业产业化。

1. 深刻认识农业产业化的发展逻辑是金融支持乡村产业振兴的前提条件

实现乡村振兴，产业兴旺是重要内容，也是基本前提，当前农业农村产业、新业态亟须综合金融服务支持。农业产业化具有以下发展特点：

（1）确立主导产业

充分发挥当地优势，按照市场需求，选择那些市场容量大、单位产出高、经济效益好的产业和产品作为开发重点，把生产、加工、储运、销售融为一体，形成产业优势。

（2）实行区域布局

围绕主导产业和重点产品，科学规划，合理布局，发展多种专业生产区和各类专业乡镇、专业村、户，建立各具特色的商品生产基地。

（3）依靠龙头带动

组建和扶持外联市场，内联千家万户，集信息、科研、加工、运销、服务于一体的龙头企业和龙头企业集团，带动广大农民将产品销往国内外市场。

（4）发展规模经营

围绕提高劳动生产率和农产品商品率，优化组合生产要素，充分挖掘生产潜力，大规模、大批量地组织生产和经营，形成规模优势，实现最佳效益。

基于以上农业产业化思路的分析，金融的方向就是以产业链投放为主，为产业化发展提供融资支持。

2. 金融产品需聚焦农业产业链，搭建产业链上下游资金闭环场景

全产业链资金闭环运作场景是指农业龙头企业和农户、上游供应商之间签订产品订单，核心是龙头企业为农户、上游供应商提供担

保，银行以订单质押为支持向农户及上游供应商提供信贷支持，龙头企业在收购产品时督促关联企业、农户归还贷款，形成资金的闭环管理。

银行可搭建核心企业上下游产业链资金闭环，着力推进“智慧农业产业链生态场景”建设工作，围绕农业产业链条，充分运用融资、融智、金融科技提供综合化金融解决方案，建立以数字信息为支撑、以全产业链为服务对象的新型金融服务模式，将金融植入产业链的上下游，利用金融的效率改变传统的生产模式习惯，利用市场经济的思维改变计划的生产经营习惯。这样的产品虽然目标客户并不是非常广泛，会局限在某一个行业的从业者里面，但会比传统产品更加有竞争力，更加贴合乡村实际的金融需求，同时也能对于特定行业配套对应的风控措施。

郁南农业产业有着分、散、弱的特点与现状，相当多的地区仍然保持着小农经济、日出作、日落息的农业生产习惯，农户的金融需求得不到有效释放，而农业产业链是伴随近年来无核黄皮、砂糖橘的兴旺才逐步建立起来的，产业链是郁南农业产业振兴的支柱，确实需要加强培育，以金融的视角建立新型的金融服务模式，将使农业产业发展得更成熟，产业更兴旺。

（二）农业产业链金融设计原则

1. 定位核心企业

在产业链金融服务过程中，重点是有效定位核心企业。核心企业是指农业产业链中的龙头企业、地区特色农业经营户、对上下游具有紧密供应关系的销售商或供货商等。通过有效定位核心企业，可以将金融服务通过核心企业延伸至产业链上各经营主体，完成对全产业链金融服务需求的有效了解和对金融服务供给进行有效整合，对该企业的整条供应链开展融资方案设计。

2. 创新金融产品

提升郁南农业产业化水平，需要加快金融产品创新手段，针对农业生产季节性强、周转快、需求急的特点，如无核黄皮正常7月中旬开始上市，到8月中旬结束，时间约1个月；砂糖橘9月下旬始甜，10月下旬至元旦采收上市，时间持续约2个月，两者都有明显的季节性特征，收购、加工、仓储环节时间较短，因此相关收购、加工企业、供贷商急需资金参与，需要有针对性地开展产业链融资和产业集群融资，满足客户融资需要，推出企业收购资金贷款、仓单质押贷款、龙头企业商承贴现融资、小企业简式快速贷款等新型创新信贷产品。

3. 创新担保方式

一方面，拓展抵押担保方式，有效解决农业贷款抵押担保瓶颈制约，需要不断扩大抵押担保特别是动产抵押的适应范围，拓展郁南农业产业抵押物的适用范围，拓展应收账款质押、存货抵押、林权抵押等贷款品种；另一方面，创新保证担保方式，结合无核黄皮、砂糖橘等产业链各个环节之间的紧密关系，采取"农户联保、个人保证+农户联保、公司担保+专业合作社担保"等模式，引入"政府性融资担保+保险保证"，放大担保倍数，解决担保能力不足的问题。

基于以上核心设计原则，本次调研摘录了当地银行关于乡村振兴相关的金融产品，相关产品的主要特点符合以上的设计原则，具体摘录如表2-8所示。

表2-8　云浮地区金融机构乡村振兴产品汇编（摘录）

银行	产品	适用范围	特点
农业银行	农业龙头贷	地市级以上农业部门公布并颁发证书和牌匾的农业龙头企业	定位了核心企业，延伸至产业链上各经营主体，完成对全产业链金融服务需求的有效了解和对金融服务供给进行有效整合，具有门槛低、准入易、可信用发放的优点
工商银行	E链快贷	温氏上游养殖户	通过订单合同方式，将上下游供应链联系起来，利用交易大数据匹配相应的融资，具有方便快捷、灵活的优点

续表

银行	产品	适用范围	特点
邮政储蓄银行	农担贷	种养大户、家庭农场、农民专业合作社、小微农业企业、农业龙头企业等新型经营主体	利用第三方机构担保方式，解决农业难以提供抵押物的难题，对风险进行分担
罗定农商银行	肉桂贷、南药贷	肉桂、南药种植户、收购商贩、产品购销加工类型企业或仓储商户	针对农产品全生产流程各环节，满足农业产业链中种植、加工、销售和配套产业经营主体的资金需求，同时可采用信用、保证、抵押等组合担保方式
云浮农商银行	金牛贷	云浮市从事生牛养殖行业农户、企业或其他主体	通过生牛活体抵押担保的形式，创新运用“银行信贷＋生牛活体＋数码身份”模式，进行动物活体身份认证同时监控抵押物情况
郁南农商银行	富农宝	通过“公司＋农户”模式，与现代农业企业建立了委托种植养殖合作关系的农户	通过新型农业关系建立信贷关系，额度高，利率优惠，还款方式灵活

（三）产业振兴主要金融产品方案

1. 基本思路

考虑到郁南各优势特色产业的产值、发展水平和商业化程度，本节内容以郁南县产业最大，发展水平和商业化程度最高的无核黄皮和砂糖橘为例，介绍金融机构针对这两个产业链各环节经营主体的产品设计思路和具体要素。

根据上节无核黄皮种植产业链（见图2－8）与砂糖橘产业链图（见图2－9）可知，无核黄皮和砂糖橘同属种植业，产业链生命周期基本为生产种植—流通仓储—销售加工。因此，本次金融产品设计基于两种农产品的共性，将两者的产业链统一起来，不再区分单个农产品的金融产品，而是从种植产业链植入金融产品，从而提供一种可复制、可套用的产品模式，进而推广至其他特色优势产业的金融产品设计。

由前述分析可知，无核黄皮和砂糖橘根据农业产业链的参与者，大致可以按图 2－11 划分，信贷融资与不同阶段介入，对应推出不同的信贷产品。

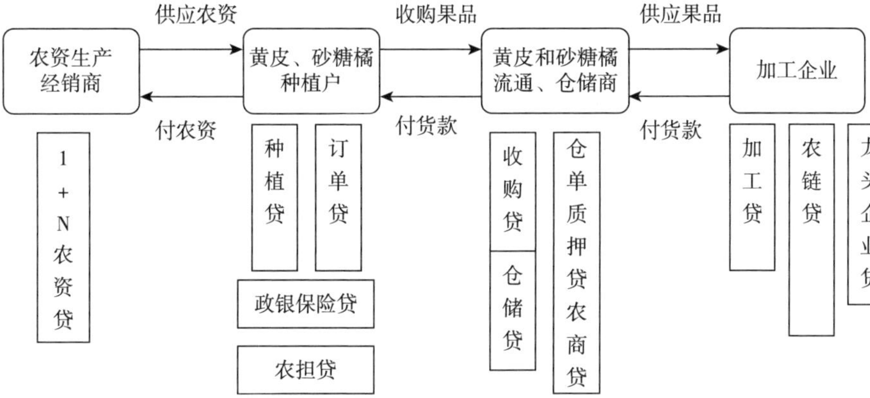

图 2－11　农产品产业链融资示意

同时根据产业、产业链周边相关的场景对金融产品进一步丰富和完善，从更广的视野推动产业乃至乡村振兴（见图 2－12）。

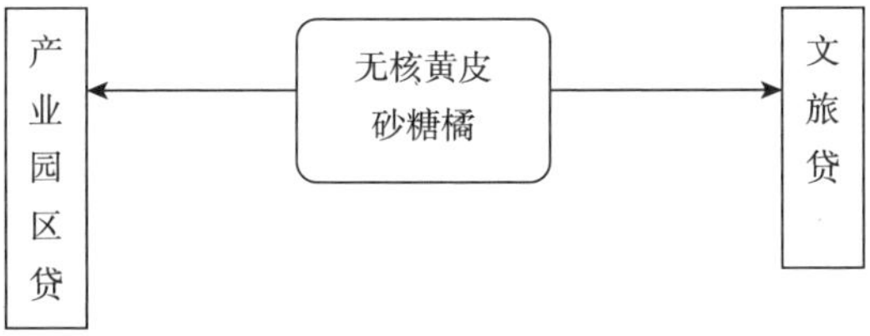

图 2－12　农业产业化周边产品示意

2. 主要金融产品方案（见表 2－9）

表 2－9　　　郁南乡村产业振兴金融产品

阶段	产品
生产资料购买	“1＋N”（农资贷）
农业生产	种植贷、订单贷、政银保险贷、农担贷
销售储运	收购贷、仓单质押贷、仓储贷、电商贷
加工	加工贷、农链贷、龙头企业贷
周边	产业园区贷、文旅贷

（1）生产资料购买阶段：“1＋N”（农资贷）

在选取当地生产、经销体量大的农资生产商、经销商作为核心“1”企业，通过金融关联核心企业生产经销客户链，一方面核心企业款项可实现快速回笼，另一方面则有利于减轻种植户、养殖户压力。产品具体情况如表2－10所示。

表2－10　“1＋N”（农资贷）

产品	概述
名称	“1＋N”（农资贷）
产品特点	向经由“1”（核心生产厂商/经销商）推荐的，购买农业种子、化肥、农药等农资“N”的（企业、个人）提供的贷款融资。由核心企业作连带责任担保
适用客群	从事农业农资生产、销售的企业和个人
贷款用途	用于农业农资购买过程中流动资金需求，严禁贷款资金转移用于其他用途
贷款期限	原则上1年，最长不超过3年
贷款额度	贷款额度应根据借款人经营状况、商品交易量、交易金额、信用状况等因素，合理确定贷款额度
担保方式	市场方或核心企业提供连带责任保证担保。可以选择的担保方式：1. 借款人配偶需提供连带责任保证担保；2. 借款人企业的法定代表人提供连带责任保证担保；3. 抵押、质押；4. 其他担保

（2）农业生产阶段

①种植贷

本产品可采取“农户联保、个人保证＋农户联保、公司担保＋专业合作社”等多种创新担保方式，既能扶持小种植户，也能对规模种植的大户、企业提供支持，同时根据种植面积核实贷款额度。产品具体情况如表2－11所示。

表2－11　种植贷

产品	概述
名称	无核黄皮种植贷/砂糖橘种植贷
产品特点	向与无核黄皮/砂糖橘产业有关的个人或企业发放用于无核黄皮/砂糖橘种植、销售、加工的贷款

续表

产品	概述
适用客群	主要是经营无核黄皮/砂糖橘产品种植的个人和企业。其中个人类的贷款主体为辖内经营个体工商户、个人独资企业投资人和合伙企业合伙人；企业类的贷款主体包括在工商行政管理局合法注册登记的企（事）业法人
贷款用途	用于经营无核黄皮/砂糖橘产品种植过程中流动资金需求，严禁贷款资金转移用于其他用途
贷款期限	1~5年，要根据借款人的销售经营周期和还款能力，由借贷双方共同协商合理确定，原则上对于贷款用于无核黄皮/砂糖橘种植的，贷款期限最长不得超过5年，其他用途贷款期限不得超过3年，该贷款品种不受中长期贷款期限调控
贷款额度	根据借款人的种植规模确定，一般不超过种植成本的50%
担保方式	1. 可采信用、保证、抵押或质押等担保方式； 2. 采取“农户联保、个人保证+农户联保、公司担保+专业合作社创新担保”方式

②订单贷

本产品设计的理念是运用订单的契约精神，可对已与无核黄皮/砂糖橘的收购企业、龙头企业签订生产订单的生产企业或农户发放订单贷款，并由核心企业提供担保或运用保证金保证，双方的结算款划入银行指定的账户，实现资金闭环管理。产品具体情况如表2－12所示。

表2－12　　订单贷

产品	概述
产品名称	订单贷
产品或服务特点	向从事无核黄皮/砂糖橘订单农业生产的农户或经济组织发放的，用于订单农业生产，由订单农户、收购企业或第三方提供担保的贷款业务
适用客群	与无核黄皮/砂糖橘收购企业、核心龙头企业签订订单的，经工商行政管理机关（或主管机关）核准登记的企业法人、其他经济组织、个体工商户、企业合伙人、农村承包经营户、农业生产经营者以及其他主管部门核准登记的单位或其他组织，有完全民事行为能力的自然人
贷款用途	用于订单生产过程中的流动资金
贷款期限	贷款期限根据农业订单的生产期限核准，最长不超过3年

续表

产品	概述
贷款额度	依据借款人的信用状况和承贷能力，结合收购企业担保情况等灵活确定。自然人单户一般不超过100万元，非自然人单户一般不超过500万元
担保方式	1. 保证、抵押、质押； 2. 由核心收购企业提供连带责任保证

③政银保险贷（政银担模式）

本产品设计理念是运用政银保合作模式，破解无核黄皮/砂糖橘农户担保能力不足以及农业经营主体“融资难、融资贵”难题，通过“政府+银行+保险”模式，由保险公司为种植户、中小微企业提供保证保险，政府提供保费补贴、贴息补贴和风险补偿支持，通过财政、信贷、保险三轮驱动，共同扶持无核黄皮/砂糖橘农业主体发展。产品情况如表2-13所示。

表2-13　政银保险贷

产品	概述
名称	政银保险贷
产品特点	采取“政府+银行+保险”合作模式发放的无抵押担保的小额贷款
适用客群	无核黄皮/砂糖橘中小微企业、农业种养户、农村各类生产经营性合作组织、个体工商户、城乡创业者，以及农村承包土地经营权抵押贷款借款人、扶贫部门建档立卡的贫困户等
贷款用途	用于农业生产过程补充流动资金
贷款期限	贷款期限原则上在1年以内，期满可展期一次，但最长不超过2年（含展期）
贷款额度	中小微企业、农村各类生产经营性合作组织的贷款不超过200万元（含），个人经营性贷款额度原则上不超过30万元（含）
担保方式	合作保险机构及小额贷款保证专项资金承担80%的贷款本金损失；一般情况下企业的法定代表人、股东、实际控制人及重要关系人提供连带责任保证；一般情况下个体工商户的配偶、重要关系人及经营实体提供连带责任保证；如有需要可增加企业价值较大的资产和实际控制人或重要关系人所控制的价值较大的资产作协议抵押、收取证照原件、办理应收账款质押等形式作为风险控制措施

④农担贷（政银担模式）

本产品设计思理是运用政银担模式，破解无核黄皮/砂糖橘种植农户担保能力不足的难题，运用“政府＋银行＋担保机构”模式，由政府建立农业发展融资担保风险资金，农业担保公司提供信贷担保，为农业经营主体增信用、分风险，缓解农业主体缺乏抵质押物难授信的困难，减轻经营压力。产品情况如表2－14所示。

表2－14　农担贷

产品	概述
名称	农担贷
产品特点	重点支持无核黄皮/砂糖橘种养大户、家庭农场、农民专业合作社、农业社会化服务组织、小微农业企业新型农业经营主体，包括自然人和法人。由农业担保公司提供保证担保，无须抵押，降低融资成本
适用客群	种养大户、家庭农场、农民专业合作社、农业社会化服务组织、小微农业企业新型农业经营主体
贷款用途	用于农业生产过程补充流动资金
贷款期限	贷款期限原则上在1年以内，最长不超3年
贷款额度	按客户经营情况授信，最高300万元，循环额度在有效期内随借随还、循环使用
担保方式	省级农业担保公司提供第三方保证，按约定比例承担风险责任

（3）销售储运流通阶段

①收购贷

设立收购贷的融资，满足收购商对收购流动资金的需求，同时，另根据当地销售旺季的仓储服务，可提供仓单质押融资。产品情况如表2－15所示。

表2－15　收购贷

产品	概述
名称	无核黄皮收购贷、砂糖橘收购贷
产品特点	本行向位于本行服务辖区内从事无核黄皮、砂糖橘流通的个人或企业发放的用于补充无核黄皮、砂糖橘收购流通资金的循环式信贷业务
适用客群	从事无核黄皮、砂糖橘收购流通的企业和个人

续表

产品	概述
贷款用途	用于无核黄皮、砂糖橘采摘、收购、运输等用途，用途必须背景真实，符合我国的法律、法规规定和国家监管机构的有关规定，不得用于禁止性相关贷款用途
贷款额度	应根据借款人收购合同、协议等因素，合理确定贷款额度
贷款期限	贷款支行应根据借款人业务发展周期，合理设定贷款期限，一般不得超过1年。借款人第一次用款的借据起始日为循环贷款业务期限的起始日，每次用款的贷款到期时间可延长至循环贷款业务期限终止日起半年内（含），但单笔业务期限不超过循环贷款业务期限
担保方式	1. 可采用抵押担保或质押担保等担保方式，具体按审批意见执行； 2. 企业：法定代表人、股东、实际控制人及重要关系人提供连带责任保证； 3. 个人：配偶、重要关系人及经营实体（若有）提供连带责任保证

②存货（仓单）质押贷

农产品存货质押融资模式主要针对农业供应链中下游的加工和销售环节。经销商将农产品库存作为质押物存入银行指定仓库，由仓储方出具仓单，并通过质押获得银行的贷款，在质押农产品后续的销售过程中逐步还款；物流企业在此过程中提供质押物的保管、去向监督等服务；最后，由核心企业为经销商提供融资担保与担保代偿责任。该融资模式实质上是将银行不愿接受的流动资产（库存农产品）转变为其可接受的动产质押品。产品情况如表2－16所示。

表2－16　　仓单质押贷

产品	概述
名称	仓单质押贷
产品特点	是指借款人以其自有或第三方持有的存货交存农商行认可的仓储单位，借款人以仓储单位出具的仓单作为质押物向农商行申请存货质押的短期流动资金贷款业务
适用客群	从事无核黄皮、砂糖橘流通、签订仓储保管协议的企业和个人。质押仓单必须具备下列条件： （1）必须是出质人拥有完全所有权的货物的仓单，且记载内容完整； （2）出具仓单的仓储公司原则上必须是银行认可的具有一定资质的专业仓储公司

续表

产品	概述
贷款用途	用于补充流动资金
贷款额度	仓单质押率不超过质押仓单项下仓储物价值的70%。仓储物价值根据仓储物总价值扣除必要的其他费用后确定（仓储物价值=仓储物的单位价格×仓储物数量－预估计的其他费用）。仓储物的单位价格通过比较仓储物进价和市场价，就低确定。预估计的其他费用是指贷款期间可能产生的仓储费用以及仓单尚未支付的其他费用的总和
贷款期限	办理仓单质押贷款的期限不得超过仓储物储存期限，且最长不得超过1年（含1年）
担保方式	质押担保

③仓储贷（仓储运营商）

无核黄皮、砂糖橘仓储市场有着一定的市场需求缺口，在采摘的旺季，冷库仓储的需求相对旺盛，收购、储藏、冷库维护所需要较大的流动资金，针对冷库仓储行业，推出仓储贷款，该款产品特色在于可以以仓库、冷链设备作为抵押，具体情况如表2－17所示。

表2－17　仓储贷

项目	概述
产品名称	仓储贷
产品特点	为无核黄皮、砂糖橘提供仓储服务的个人或企业提供融资
适用客群	在郁南有常住户口或合法居住证件且提供无核黄皮、砂糖橘仓储服务的个人或企业，以及政府投资建设的无核黄皮、砂糖橘公共仓项目
贷款用途	仅限无核黄皮、砂糖橘经营者用于无核黄皮、砂糖橘仓储建设用途，用途必须背景真实，符合我国的法律、法规规定和国家监管机构的有关规定，不得用于禁止性相关贷款用途
贷款额度	应根据借款人仓储建设规划、占地面积、设计容量等因素，合理确定贷款额度
贷款期限	原则上不超过3年
担保方式	1. 可采用抵押担保或质押担保等担保方式，具体审批意见执行； 2. 企业：法定代表人、股东、实际控制人及重要关系人提供连带责任保证； 3. 个人：配偶、重要关系人及经营实体（若有）提供连带责任保证

④电商贷

无核黄皮、砂糖橘成熟上市期，因电商产业等新兴销售渠道需求量快速增加，有效填补了传统销售渠道的不足，但资金也成为制约企业发展的关键因素。针对从事无核黄皮、砂糖橘网上销售经营主体推出电商贷，利用大数据、云计算、智慧供应链等技术提供数据，建立信贷模型为符合条件的电商商户、电商从业主体提供融资。产品情况如表 2－18 所示。

表 2－18　　电商贷

产品	概述
名称	电商贷
产品或服务特点	线上授信、一次签约、自助循环、随借随还，解决无核黄皮/砂糖橘电商生产销售的企业和个人在销售旺季对资金"短、急"的需求
适用客群	适合从事无核黄皮/砂糖橘电子商务销售的农业经营主体，包括法人类：通过电商平台与供应链核心商户开展电商交易的下游商户，下游商户必须是企业法人或其他组织。个人类：入驻电商平台的网络商户，需要在市场监督管理部门注册登记，或取得经营资格的涉农个体工商户、按照国家规定依法免于登记从事涉农经营活动的自然人
贷款用途	用于电商销售补充流动资金
贷款期限	贷款期限原则上在 1 年以内，最长不超 3 年
贷款额度	按客户经营情况、销售情况、订单情况授信，法人类最高 50 万元。对与供应链核心商户合作紧密且交易额度大的商户，不超过 200 万元，个人类原则上不超过 10 万元，最高不超过 30 万元。循环额度在有效期内随借随还、循环使用
担保方式	1. 对核心商户综合实力强、注册及交易时间长、记录良好的借款人，可采用信用的方式； 2. 由政府专项电商基金作风险补偿，提供保证

（4）加工生产环节

①加工贷

深加工是无核黄皮提升产品附加值的重要一环，郁南当地已建立基于黄皮的加工企业，已形成具有一定规模的加工果干、食品、饮料、酒类等高附加值的食品产业链，针对此类行业，结合加工行业的实际情况，增加融资投放，进一步推动加工工业的发展。产品情况如表2－19所示。

表2－19　加工贷

产品	概述
名称	无核黄皮加工贷
产品定义	指对郁南县辖内无核黄皮、砂糖橘农产品加工的经营主体发放的用于借款人日常经营的人民币贷款
适用客群	贷款主体主要是经营无核黄皮、砂糖橘农产品加工的在工商行政管理局合法注册登记的企（事）业法人
贷款用途	只能用于经营无核黄皮、砂糖橘产品收购、加工、销售等环节过程中流动资金或购建固定资产用途，严禁贷款资金转移用于其他用途
贷款期限	原则上不超过3年
贷款额度	贷款额度1000万元（含）以下
担保方式	1. 采用抵押担保、质押担保、政府专项资金保证担保； 2. 企业：法定代表人、股东、实际控制人及重要关系人提供连带责任保证； 3. 个人：配偶、重要关系人及经营实体（若有）提供连带责任保证

②农链贷

农链贷指农业产业链贷，针对与核心企业长期合作的借款人发放的生产经营性贷款，农链贷能进一步激活产业链融资。针对郁南当地无核黄皮/砂糖橘种植企业与农业核心企业建立长期合作关系的上下游客户，经核心企业推荐，由核心企业提供保证担保，串联起整条供应链。产品情况如表2－20所示。

表2－20　农链贷

产品	概述
名称	农链贷
产品特点	服务于与国家级、省级、地市级农业产业化龙头企业推荐的上下游客户
适用客群	龙头企业推荐的无核黄皮/砂糖橘上下游客户、通过“公司＋农户”模式委托种养殖合作关系的农户
贷款用途	补充流动资金或购建固定资产，用途必须背景真实，符合我国的法律、法规规定和国家监管机构的有关规定，不得用于禁止性相关贷款用途

续表

产品	概述
贷款额度	最高不超过 500 万元
贷款期限	原则上不超过 5 年
担保方式	1. 核心企业担保、担保机构担保； 2. 企业：法定代表人、股东、实际控制人及重要关系人提供连带责任保证； 3. 个人：配偶、重要关系人及经营实体（若有）提供连带责任保证

③龙头企业贷

龙头企业在带动产业化发展、农民就业和增收中起重要作用，除自有资金投入外，更需要金融部门的支持，郁南当前已有农业龙头企业 32 家（省级 4 家、市级 9 家、县级 19 家）。金融机构应重点支持其发展，推动郁南农业龙头企业做大做强。产品情况如表 2－21 所示。

表 2－21　　龙头企业贷

产品	概述
名称	龙头企业贷
产品定义	指对县区级、地市级以上的农业龙头企业名单发放的经营性贷款
适用客群	进入县区级、地市级以上的农业龙头企业名单，经营情况正常
贷款用途	生产经营流动资金或购建固定资产用途，严禁贷款资金转移用于其他用途
贷款期限	原则上不超过 3 年
贷款额度	贷款额度 3000 万元（含）以下
担保方式	采用抵押担保、质押担保、政府专项资金保证担保

（5）针对无核黄皮/砂糖橘产业周边

乡村产业振兴不仅需要产业内部的融资流通，而且需要产业周边的带动，利用金融融资积极推进郁南无核黄皮省级现代农业产业园项目建设，结合当前乡村旅游、民宿改造等服务业的兴起，金融产品辐射至周边产业，全力打造乡村产业振兴金融服务品牌。

①产业园区贷

当前郁南正积极推进无核黄皮省级现代农业产业园项目建设工作。推出产业园区贷，不仅可以满足水电路、通信、厂房、钢结构等园区基础设施建设（不含房地产）资金需求，还可以满足园区经营性、改造提升、工业互联网、智慧园区等方面的资金需求，提升园区建设力度。产品情况如表 2－22 所示。

表 2－22　　产业园区贷

产品	概述
名称	产业园区贷
产品特点	重点支持工业、农业产业园区实施主体的企业，多种担保方式
适用客群	现代工业、农业产业园实施主体
贷款用途	补充流动资金或购建固定资产，用途必须背景真实，符合我国的法律、法规规定和国家监管机构的有关规定，不得用于禁止性相关贷款用途
贷款额度	最高不超过 3000 万元
贷款期限	原则上不超过 3 年
担保方式	1. 可采用土地房产抵押担保、质押担保、园区租金收益权质押等担保方式； 2. 企业：法定代表人、股东、实际控制人及重要关系人提供连带责任保证； 3. 个人：配偶、重要关系人及经营实体（若有）提供连带责任保证

②文旅贷

郁南有着“八分山地一分田，半分河道半分村”自然地理环境特点，丰富的旅游资源待进一步发掘，利用“金融＋文旅”助力乡村振兴打造特色的文化旅游。同时针对文旅行业的特点，采取收费权质押、收费收入账户监管等多种方式，满足行业发展资金需求。产品情况如表 2－23所示。

表 2－23　　文旅贷

项目	概述
产品名称	文旅贷
产品特点	服务于从事民宿经营、休闲农业、特色乡村旅游的企业和个人
适用客群	从事民宿经营、休闲农业、特色乡村旅游的企业和个人
贷款用途	用于民宿升级、改造、旅游景点设施建设等流动资金，用途必须背景真实，符合我国的法律、法规规定和国家监管机构的有关规定，不得用于禁止性相关贷款用途

续表

项目	概述
贷款额度	最高不超过500万元
贷款期限	原则上不超过3年
担保方式	1. 可采用土地房产抵押担保、质押担保、未来经营收益权质押等担保方式； 2. 企业：法定代表人、股东、实际控制人及重要关系人提供连带责任保证； 3. 个人：配偶、重要关系人及经营实体（若有）提供连带责任保证

五、郁南农商银行金融服务乡村振兴工作实践

（一）概述

郁南农商银行在董事会内设“三农”金融服务委员会，制定和修订“三农”金融服务发展战略和规划；在总行层面设立公司业务部，并在公司业务部下设“三农”贷款专营中心和乡村振兴服务中心，主要负责统筹、组织和协调推进服务乡村振兴战略部署的相关工作，开发乡村振兴信贷产品。目前公司业务部共配备4人，全行设置1个营业部、26个营业网点，服务范围覆盖全县。从2021年开始，郁南农商银行进一步加大小微企业及涉农贷款的考核权重，强化经营单位支农支小的服务能力，并将考核资源进一步倾斜至普惠型小微及涉农贷款等业务。

在党中央“乡村振兴”的战略指引下，郁南农商银行坚持支农支小、服务“三农”、服务小微、服务乡村振兴的市场定位。一是不断强化“三农”关键领域金融供给。紧紧围绕地方党委政府工作规划，结合地方产业特色，大力扶持农业产业链上各类市场主体和新型农村经营主体的发展。截至2022年3月，郁南农商银行支持“米袋子”“菜篮子”“果盘子”稳产保供，结余贷款322户、金额1854.34万元；支持“粤字号”农业品牌贷款2户、贷款余额为1886.92万元。二是全力

支持乡村基础工程建设。出台“乡村振兴贷”等产品，解决农村基础设施承建资金不足问题，加快推进美丽圩镇建设。截至2022年3月，结余乡村振兴贷3户、金额615万元。三是巩固拓展脱贫攻坚成果。郁南农商银行结合贫困户和扶贫产业的特殊性，研发出台“鹌鹑养殖宝”“温氏养鸡贷”等信贷产品，由县扶贫担保基金提供保证担保和贴息支持，大力扶持贫困户脱贫致富。对有融资需求的脱贫人口，加强对接，切实做到“应贷尽贷”全覆盖。截至2022年3月，累计发放扶贫小额贷款887户、金额1340.69万元，存量扶贫小额信贷47户、金额122.59万元。四是及时推出“巾帼贷”优惠政策，全心服务创业妇女群体。2018年，郁南农商银行成立妇女金融服务中心，并出台《郁南县扶持妇女金融服务优惠措施“十条”》等相关优惠政策，旨在对不符合全额贴息贷款项目的创业妇女实行利率优惠，从而减轻借款人的资金成本。截至2022年3月末，郁南农商银行累计发放妇女创业贷款974户、金额4238万元；目前存量132户、金额652.03万元，累计获得贴息资金224.78万元。五是进一步加强农村基础金融服务。郁南农商银行稳步推进村村通工程，运用互联网技术升级乡村助农取款点，大力推广手机支付、网上银行等移动支付服务，加大移动支付宣传力度，拓展农村地区移动支付普及应用范围，进一步提升行政村一级基础金融服务覆盖率。截至2021年末，郁南农商银行自助设备存量为79台，其中柜员机48台，智慧柜台4台，自助服务终端27台，助农取款商户共170户，覆盖全县15个乡镇。截至2022年1月末，郁南农商银行在全县铺设201台“粤智助”政务一体机，覆盖全县200个村居。

（二）产品或服务机制介绍

1. 林权贷

林权贷是郁南农商银行针对在林木种植、林木加工过程中产生融资需求的经营主体发放流动资金贷款的产品。该产品主要以所经营的林木为主要抵押物，最高授信额度不超抵押林木价值的40%，期限最长不超5年。该产品将借款人主要经营的林木抵押，可根据林木种植行业的周期合理地安排还款计划，本金主要集中在贷款到期时归还。当借款人需砍伐林木及出售林权的时候，需向郁南农商银行申请出具同意砍伐的证明或解押林权，郁南农商银行可采取提前归还贷款或购买方存入保证金的方式，对销售资金进行监管。到贷款到期时，若因所种植林木未能砍伐，且借款期间还本付息记录良好，可适当给予展期。截至2022年3月，郁南农商银行结余林权贷14户、23笔，余额为1013.21万元。

2. 温氏养鸡贷

温氏养鸡贷是郁南农商银行针对郁南县内与温氏公司合作发展肉鸡养殖项目的客户，用于场地升级改造、扩建、新建和技术改造的信贷产品。该产品是在温氏公司和农户开展调研、摸清行业投入产出的基础上开发的信贷产品，该产品对鸡舍投入的成本设定了区间，防止出现农户自有资金不足的情况。该产品最高授信额度1000万元，其中信用类最高30万元，保证类最高50万元，且贷款金额不超项目投入的70%，期限最长不超5年。该产品根据行业的款项回笼周期，根据“前少后多”的原则，合理地对还款计划提出管理要求。截至2022年3月，郁南农商银行结余温氏养鸡贷74户，余额为710.7万元。

3. 船运贷

船运贷是郁南农商银行满足船舶所有人的购建船舶或从事船舶经营资金需求的贷款，该产品以船舶作主要抵押担保，最高授信额度为抵押船舶价值的50%，且用于购买船舶的，最高不超购买船舶资金的40%。同时要求抵押船舶购买第一受益人为郁南农商银行的财产保险。该产品结合了船运行业运费收入及结算周期较为稳定的特点，采取了按月或按季等额本金的方式进行归还，通过还款计划的约束，落实经营回笼资金的监控。截至2022年3月，郁南农商银行结余船运贷5户，余额为405万元。

4. 乡村振兴贷

乡村振兴贷是郁南农商银行针对通过郁南县级财政统筹各级财政资金专项，用于支持郁南县乡村建设的项目而设立绿色办贷通道和优惠融资方案，该项目下的授信，采取“按量授信、按需发放、流量控制、循环使用”的方式发放贷款。该产品以工程应收账款质押方式办理贷款，将其合法拥有的新农村建设工程应收账款收款权向我社作质押担保。该收款账户需要在郁南农商银行开设，并作为借款人与施工承包单位或县财政部门之间的唯一结算账户。贷款额度控制在该工程项目下财政预算应收账款总额的40%以内，期限原则上1年。该产品根据工程款项的结算周期设定还款计划，若因政府工程款项未能及时结算，可给予调整还款计划或展期。截至2022年3月，郁南农商银行结余乡村振兴贷3户、5笔，金额为615万元。

（三）工作情况总结

经与郁南县农业农村局、供销社等政府部门的调研和沟通，郁南农商银行深入分析和研究支持郁南县乡村振兴和农业产业链发展面临的实际情况和外部困难；同时，郁南农商银行积极总结过往金融产品研发、业务拓展和各条线业绩变化和贷后风险管理等内部工作情况和经验，具体如下。

1. 郁南县农业农村相关情况

（1）小农意识较为明显，贷款意愿较低

郁南县是一个人口流出城市，一方面青壮年农村人口迁移至城市务工，另一方面为了使子女接受更好的教育，部分农户陪子女进城上学成为热潮。留守的大部分是年纪较大的劳动力，该部分人群习惯传统的农业经营模式，潜意识里认为贷款是不光彩的事情，不愿意贷款。种养殖类投入资金大、回报周期长、收入来源单一，受市场价格波动影响大，且种养殖行业容易受气候灾害、病虫害等因素影响，产量无法得到保证，有果农反映，外出打工收入比从事种果还高。综合来看，农户申请贷款从事种植养殖意愿不高。

（2）农业生产经营易受其他因素影响，抗风险能力较弱，规模化、集约化程度不足，抵抗风险能力较弱

一是特色农业龙头企业带动能力有限，缺乏有能力和有意愿的市场经济主体带动产业进一步发展，未能充分发挥本土特色农业产业品牌效应。二是目前本地种养殖业大部分以自产自销为主，农户自主经营缺乏稳定的销售渠道，收益不稳定，一旦出现自然灾害或市场不景气，农户收益将降低，制约了金融支持“三农”产业发展。

（3）产业分布散，单户种植规模小

郁南县农业以砂糖橘、无核黄皮、南药等为主，但种植模式主要以家庭作业式为主，部分产业分布全县各个乡镇。大部分农户主要以家庭劳动力为主开展生产，种植规模偏小，信贷需求不足。同时，郁南县经济较为落后，地方财力不足，因而难以通过整合资源吸引规模大的龙头企业进驻郁南发展。

（4）农村资产无法体现，贷款风险补偿不足

农业本身存在首次投入大、回报周期长、抗风险能力较差的特点，农户即使生活过得富裕，但其资产主要体现在集体用地及地上建筑物、所经营的种植项目、投入建设养殖场所等市场无法有效处置且司法无法执行的资产上。当贷款出现不良时，银行往往无法执行借款人农村资产，无法触动借款人的根本利益，借款人主动筹集资金归还贷款的意愿不高。

（5）农村地区大数据基础薄弱

郁南县是广东省较为落后的县域，地方政府无足够财力建立较为完善的大数据基础，数据统计及采集主要以人工为主，且农业经营的信息无法在税务信息中体现，银行无法通过大数据开展客群的批量授信，增大了工作量。

2. 郁南农商银行相关情况

（1）客户经理团队人员不足，管理模式较为落后

一是未能建立科学、有效的客户经理准入退出机制；二是考核模式滞后，客户经理团队考核与其业务及创利能力不匹配，团队积极性低；三是客户经理团队人员不足，郁南农商银行约 1 万户贷款，仅配备 18 名客户经理，加上产业规模小、分布散，无足够的人力配套做好服务。

（2）营销主动性较差，服务观念有待提升

一是客户经理营销主动性不足，等客上门现象仍然突出；二是未能形成综合化营销局面，客户经理业务营销仍以信贷业务为主，未能主动营销存款、中间业务等产品；三是缺乏对客户的主动服务观念；四是不会贷、不敢贷、不愿贷的现象仍然比较突出。

（3）小规模农业的经营管理模式，无法提供满足监管或风控要求的相关材料

一是部分中小型种养殖户经营数据难以提供具体凭证核实，没有银行流水、购销凭证等佐证材料，导致客户经理在实际办理贷款过程中无法核实客户经营规模，影响贷款办理。二是财务管理不完善。部分农村企业主要以家庭作业为主，无聘请专业的财务会计人员，未能进行规范的财务管理，在借款时也无法提供企业的财务报表。

六、郁南县乡村产业振兴政策建议

（一）政府应在信用村建设、龙头企业及产业链层面加大支持力度

1. 在信用村建设的基础上，积极推进农村信用体系建设

郁南县作为全国较早推广信用村建设的试点，应该充分吸收借鉴过往经验，持续开展信用户、信用村、信用镇（乡）创建。一是探索

建设和推广“农融通”平台，推进涉农经营主体、农户等信用信息采集、更新和共享，不断扩大农村信用建档评价范围，便利金融机构创新信贷产品和提高服务效率。二是统筹各方资源实施信用对接。强化信用评价成果应用，充分发挥信用在资源配置中的基础作用，汇集各方资源向信用等级较高的农村经济主体倾斜。积极争取国家支农惠农政策向信用级别较高的农户、家庭农场、农村种养殖大户、农民专业合作社、农业产业基地和农业产业化龙头企业倾斜。三是加强农村信用文化建设。要采取有效的宣传方式和适宜的宣传载体，大力开展农村信用文化建设，广泛宣传和普及征信及相关金融知识，为农村信用体系建设营造良好氛围；大力培养和宣传信用先进典型，让农民群众切实感受到“守信得益、失信受损”的信用文化，加快改善农村地区的信用环境。四是推动金融机构采取“整村授信”融资模式加强信用村信贷支持，开展采取分片包干形式，鼓励各涉农金融机构负责组织实施，持续推动信用“三农”、普惠金融助力乡村振兴和美丽圩镇战略实施。

2. 积极引进、培育、支持农业产业化龙头企业做大做强

一是积极利用好郁南县无核黄皮省级现代农业产业园的政策发展机遇，政府层面主动引导园区内主体龙头企业发挥自身的组织优势，联合园区（项目区）内相关企业、农民合作社、家庭农场、农户以及从事农业技术研发、储运销售、综合服务等全产业链各类主体，组建农业产业化联合体，总体形成以都城镇无核黄皮加工物流园为核心，打造无核黄皮产业仓储、加工、物流、科研、服务一体化核心区，依托城镇4万多亩种植基地和农旅设施，打造世界黄皮公园；串联平台镇、桂圩镇，构建无核黄皮标准化种植基地，形成集无核黄皮绿色生态种植、果品加工、科普教育、观光旅游、文化体验等为一体的“一园、一区、多基地”空间功能布局，将产业园建设成为集生产示范、加工物流、科研创新、休闲农旅等综合功能于一体的省级现代农业产业园。二是积极出台政策，增强联农带农能力。近年来，郁南县培育了广东十二岭酒

业有限公司、郁南县都城镇鸿润凉果厂、广东康美先食品有限公司等一批无核黄皮深加工企业，同时发展培育了无核黄皮种植示范村 15 个，示范户 390 户，从事种植农户 1.5 万户；无核黄皮专业合作社 25 个，农户 2080 户。为此建议，一方面，支持龙头企业采取“公司 + 农户”“公司 + 农民合作社 + 农户”等组织形式，完善订单带动、利润返还、股份合作、共设风险保障金等利益联结机制，为农户提供全方位社会化服务，鼓励农户积极扩大生产；另一方面，引导农户以土地经营权、劳动力、资金、设施等要素，直接或间接入股龙头企业发展农业产业化经营，推广“农民入股 + 保底收益 + 按股分红”等模式，形成融合发展、共建共享的产业发展共同体。三是鼓励龙头企业发挥自身优势，推动各类资源要素跨界融合、集成集约，打造一二三产业融合发展的农业全产业链。四是建议郁南县腾出部分财政资源，探索设立“无核黄皮农业产业化龙头企业融资风险补偿基金”，重点为龙头企业首贷、转贷、续贷等提供增信服务，提升龙头企业信贷可获得性，从而更好地支持其发展壮大。

3. 深耕无核黄皮等特色产业，积极延链、强链、补链

一是加强产品研发，提升无核黄皮产业的综合附加值。郁南无核黄皮以其果大、肉厚、味美、无核的特点成为黄皮中的珍品，具有较高的营养价值和广泛用途。建议郁南当地政府积极引导当地大型龙头企业开发营养均衡、养生保健、食药同源的深加工食品，推进无核黄皮品牌化、食品化，提升无核黄皮加工转化增值空间。二是借助生鲜电商等新业态，拓宽终端市场。培育电商企业及农民、创业青年积极创新营销方式，持续探索以现场直播带货和电商平台线上营销形式向全省乃至全国、全球各地，全力开拓无核黄皮终端市场大市场，展现黄皮产业的价值与文化魅力。同时，为确保新鲜水果可以完好地到达珠三角消费者手中，该县开创了广佛冷链直运服务，做到“上午寄、下午到、零损耗”。同时，鼓励当地无核黄皮龙头企业应用数字技术，整合产业链上

中下游的信息资源，打造产业互联网等生产性服务共享平台，带动上中下游各类主体协同发展，实现产业链整体转型提升。

（二）金融机构应四维一体地推进乡村产业振兴工作

改制后，农商银行能否全面转换经营机制，更好地发挥普惠金融、支农支小、服务乡村振兴主题成为摆在农商银行面前的难题。近年来，越来越多的农合机构已经意识到，坚守农村和县域，回归本源和扎根“三农”，是农商银行发展的主战场，是农商银行的发展宗旨。金融机构应在机制、途径、产品、金融科技方面积极推进郁南乡村产业振兴工作。

1. “党建＋战略”的双机制创新为乡村产业振兴注入新动能

（1）发挥“党建引领＋战略”推动的双引擎作用机制

一是强化组织保障。郁南农商银行需要充分发挥党建在服务“三农”中的主体地位，坚守支农支小支微的市场定位，坚持把提高乡村振兴放在首位，助力美丽乡村建设。结合实际情况成立乡村振兴工作小组，制订工作实施方案，细化工作措施，加强目标管理，加强绩效考核和工作督导，建立乡村振兴战略各项工作长效机制，确保乡村振兴战略各项工作取得实效。

二是构建以党建引领创新农村金融与地方基层治理的“党建＋金融”模式。适时与各乡镇通过合作协议、合作备忘录形式建立战略关系，着力扶持“一镇（乡）一品”“一村一品”的建设，郁南农商银行辖下各分支机构关注镇级农业及产业体系，如连滩水稻、东坝蚕桑、建城无核黄皮、宝珠镇荔枝等，因地制宜提供融资支持。同时加快推进与完善“整村授信”，健全农户信用体系建设，为农户建档、建群、建关系，着力营造良好的农村信用环境。搭建党群联动服务，建立党委、支部、党员联动服务机制，深化农商银行党支部与村委会共建活动，充分发挥党员先锋模范作用。加强“双基共建”合作，建立地方基层党组织与农商银行基层党组织的常态化交流机制，促进双方深度了解，全面提升“双基共建”惠农合作水平。

三是因地制宜，结合郁南当地优势农业，立足区域优势，郁南农商银行应制定“十四五”服务乡村振兴和“三农”县域的业务规划，全面部署围绕乡村振兴建设的重大工程、行动和任务。如充分发挥金融在无核黄皮、砂糖橘产业的作用，引领一二三产业融合发展，专门研究制定支持产业振兴的金融政策指引、方案指南和具体信贷服务策略，形成专项信贷政策体系，提升贷款份额，创新丰富产品，提高乡村振兴重点领域金融服务水平。

（2）加强政银合作机制

一是建立金融机构与当地政府部门的汇报沟通机制。郁南农商银行要主动对接财政、农业、人社、税务、交通、扶贫等政府职能部门，共建联动交流机制，打好金融服务乡村振兴基础。二是要紧密围绕地方乡村振兴战略规划，及时掌握地方政府乡村振兴重点项目，了解地方政府实施乡村振兴战略的金融需求，协助政府出台乡村振兴的政策制度和融资方案，做到信息共享、政策互通，采取切实有效的措施为乡村振兴战略提供精准金融支持。

2. 点线面的路径创新为乡村产业振兴增添新动能

产业兴旺是实现乡村振兴的重要道路，郁南农商银行应以支持农业供给侧结构性改革为主线，充分利用地缘、人缘优势，围绕“点、线、面”三个维度，持续加大涉农信贷特别是无核黄皮、砂糖橘产业链信贷的投放力度，培育发展的新动能。

点——瞄准主体规模化。加大农户贷款投放，积极服务和推动农民转型生产经营模式，扩大生产经营规模，支持无核黄皮、砂糖橘种植形成规模化经营，重点支持家庭农场、农民专业合作社、农业产业化龙头企业等新型农业经营主体，培育优质客户群体，将散、小、弱的经营主体逐渐向集约化转向，提升农业综合成效。推广农村“两权”抵押贷款，探索应收款融资、农业设施抵押贷款等业务，支持高端农机制造、良种培育、生物工程等农业高科技企业，以及种苗繁育、农机作业、信息咨询等农业生产性服务业，不断提升粮食生产的规模化、机械化、科技化水平。

线——突出农业产业化。郁南县当前正推进“一镇（乡）一业”“一村一品”，无核黄皮是郁南县近年来重点发展的优势特色产业，建议郁南农商银行主动加大无核黄皮深加工环节的金融支持，搭建核心企业上下游产业链资金闭环，着力推进“智慧农业产业链生态场景”建设工作，推动订单农业和“公司＋农户”等经营模式创新，实现产加销一体化；创建食品原料标准化生产基地，助推特色农业向绿色化、产业化、品牌化方向发展。围绕农业产业链，充分运用融资、融智、金融科技等综合化经营优势，加大产品和模式创新，提供综合化金融解决方案，建立以数字信息为支撑、以全产业链为服务对象的新型金融服务模式。

面——助推产业集群化。郁南农商银行应积极支持无核黄皮特色产业集群、无核黄皮产业园、无核黄皮产业强镇，积极对接产业园的金融需求，依托园区厂房按揭、流行资金贷款、微型企业主贷款等信贷产品，支持无核黄皮产业园、批发市场、冷链物流、产品展销中心的打造。大力支持农业全产业链发展，支持有机农业、休闲农业、乡村旅游、农村电商、特色小镇、现代农业产业园等新兴业态的信贷需求，拓展涉农客户空间，形成农业产业集群化发展的新局面。

3. 金融产品创新为乡村产业振兴配置新活力

一是打造综合服务方案。建议郁南农商银行按照“一镇（乡）一业”“一村一品”，创新推出一批服务乡村产业振兴的专属产品体系，打造拳头产品和精品产品，着力构建自身金融支持乡村振兴的产品和品牌体系。针对郁南优势农业如南药、无核黄皮、砂糖橘、蚕桑、肉桂、温氏鸡、荔枝等，推出覆盖种养、流通、加工、销售全农业产业链的金融服务体系，将信贷资金植入各生产环节。

二是创新融资模式。结合郁南优势产业、特色农业，建议郁南农商银行创新融资模式，创新涉农信贷产品。进一步优化涉农业务流程，加大对新型农业经营主体授信额度和贷款支持力度，满足农业、农村和农民的合理融资需求。如加深研究南药、黄皮“种植—流通—加工”模式、温氏集团的“公司+农户”模式，将产、供、销、加串联成一个整体，运用核心企业信用机制增信，有效分担风险。结合实际情况创新订单融资、应收款融资、供应链贴现融资、供应链保兑仓融资模式，培育加工企业、后端核心企业延伸和打通全产业链，发挥产出示范效应，更好地发挥金融支持实体产业发展的作用。

三是创新探索“两权”抵押贷款。郁南农商银行要结合“三农”不同阶段的发展需求，因地制宜创新产品和服务，积极探索“农房+保证+征信”相结合的模式，开展土地收益保证、农村土地承包权和经营权、农民住房财产权、林权等新型抵押担保方式，有效扩大农户贷款抵质押范围，提升农村地区融资的可获得性，探索建立完善农村土地承包权和经营权抵押贷款风险缓释和补偿机制。

四是创新融资担保方式。加大与其他金融机构、保险公司、担保机构、融资租赁机构及政府部门合作，整合多方资源，积极推广“政银担合作”“银税互动”等信贷模式，构建风险共担、价值共享的服务体系。郁南农商银行应积极主动对接广东省农业融资担保有限责任公司、云浮市融资担保有限公司等政策性担保平台，积极为各种养大户、家庭农户、龙头企业开展增信自动担保等融资活动。

五是创新服务渠道。第一，完善提升普惠金融“村村通”服务功能。通过建立乡村综合金融服务站“进乡驻村”模式，向农民、农村提供“足不出村”的综合金融服务，并有效复制推广；建立物理网点与电子渠道相互补充、覆盖城乡的金融服务网络。第二，加快助农服务点建设。推动符合条件的服务点实现功能综合化，将服务点建设成金融知识宣传点、信息联络点、便民取款点，让乡村金融服务更便捷。第三，推进电子银行建设。重视移动支付、电子机具在农村市场的潜力和空间，以网上银行、手机银行、微信银行为载体，通过增加ATM、POS机、便民自助服务终端，不断拓展银行卡使用范围，努力提高服务效率和品质，缩小城乡金融服务之间的差距。

4. 金融科技创新为乡村产业振兴带来新引擎

长期以来，农业生产季节性强、投入周期长、抗风险能力弱的特点决定了其较难获得银行贷款，加之缺少传统抵押物，银行信贷投放意愿较低。农村金融供求不平衡、信息不对称、信用不完善等现状为农村金融服务带来诸多挑战，做好乡村振兴金融服务，就要解决好上述问题，充分利用互联网和大数据技术解决信息不对称问题，强化金融科技赋能，重塑金融服务模式。

一是金融科技盘活农业资产，构建数字化风控与审批体系。为破解农业融资缺乏抵质押物的难题，综合运用科技手段盘活农业动产，建议郁南农商银行运用人工智能、大数据、物联网等技术手段，通过卫星遥感、电子围栏、区块链等技术，能够动态监测农林牧渔等农产品的生产经营，让农民手中拥有的“动产”转换为“不动产”，减少信贷投放对于传统抵押物的依赖，提升农业产业融资可得性。如推广生猪、肉牛、水产运用“活体抵押＋保单增信＋银行授信”模式，利用应用区块链结合数字孪生技术，建立了与“活体猪”“活体牛”孪生存在的“数字猪”“数字牛”，并利用“数字猪”“数字牛”的区块链可信特征，实现有效抵押与存证。同时，依据数字信息改进授信审批和风险防控模型，探索“一次授信、循环使用、动态监管”贷款全流程管理。

二是提升数据整合能力，探索乡村信用体系建设。完善信用村建设。加快完善农村信用体系，建立涵盖农村经济组织的农村信用信息数据库。拓展银行与政府间、银行业机构间的信息共享渠道，推动农户信用评级信息共享机制，节约信息调查成本，提高信贷投放效率。积累更多的农业农村农民的基础数据，探索农村信用体系建设。同时，打通农业保险、扶贫补贴等数据，推动与农业产业链、三资平台、担保联盟等平台合作，结合农户存款、贷款、结算等行内数据，建立农户数据库，构建农户信用评价体系。

（三）监管机构应构建适应乡村产业振兴的差异化监管机制

1. 以提升农业投入为导向，强化乡村产业振兴重点领域贷款投放

一是督导国有商业银行地方分支行和地方法人银行扩大对乡村产业振兴重点领域和薄弱环节的信贷投放，加大对现代种业、高标准农田、农产品加工、乡村特色产业、农村基础设施、农产品仓储流通体系、农业科技等领域的融资支持。二是加大对脱贫人口、易返贫致贫人口和有劳动能力的低收入人口的信贷投放，支持脱贫人口就业创业，农户建档率、授信率、用信率进一步提升。三是引导金融机构持续加大涉农小微企业首贷、续贷、信用贷款投放力度，保持普惠型涉农贷款余额稳定增长。完善绿色信贷体系，鼓励金融机构创新“三农”绿色金融产品和服务。

2. 将主要农业产业的金融支持情况纳入金融机构服务乡村振兴考核评估工作中

鼓励金融机构坚守自身定位，找准金融支持乡村产业振兴的着力点，建立完善服务乡村振兴的内设机构和专业化工作机制。在政策允许的条件下，国有大型银行要重点为农村基础设施、农业产业化龙头企业提供中长期低利率贷款，要进一步深化改革，充分发挥长期服务当地的优势，着力提高农村金融服务覆盖面和信贷渗透率。地方法人银行要在服务对象、服务领域、网点布局、产品设计等方面提升差异化竞争能力；要下沉服务重心，延伸服务半径，优化物理网点布局，不断提高“三农”金融供给能力，要发挥支农主力军作用。

3. 持续深入推进农村信用体系建设，提升金融支持农村产业振兴工作的精准性

一是鼓励金融机构与镇村合作，继续开展信用户、信用村、信用镇创建，优化开展符合地方实际的农村信用体系建设行动。二是鼓励和引导地方征信平台、市场化征信机构提供高质量的涉农征信服务，在风险可控前提下，降低信贷准入门槛，简化涉农信贷审查审批和贷后管理流程。三是继续对脱贫户和边缘易致贫户发放脱贫人口小额信贷。落实涉农贷款和精准扶贫贷款尽职免责制度，营造信贷人员“敢贷、会贷、愿贷”的良好环境。

三、南海篇

一、南海区经济发展和农业农村情况

（一）南海区经济基本情况

1. 经济总量和结构

经济总量平稳较快增长。“十三五”时期，南海地区生产总值由2015年的2397.26亿元增至2020年的3177.55亿元，年均增长5.8%；2020年地区生产总值同比增长0.7%，2021年地区生产总值为3560.89亿元，同比增长8.8%。2016年至2020年南海地区生产总值及增长速度如图1所示。

第一产业增加值总量稳步增长，占比持续下降。“十三五”期间，南海区第一产业占比持续降低，由2.2%下降至1.6%，除2020年外，已连续4年保持下降；第一产业增加值由2016年的47.32亿元增至2020年的51.37亿元，年均增长2.07%；2020年第一产业增加值同比下降0.4%，2021年第一产业增加值为60.88亿元，同比增长7.9%。2016年至2020年南海区第一产业增加值和三个产业的比例变化情况如图3－1和图3－2所示。

农林牧渔业总产值加速增长，农业产业化特色鲜明。“十三五”期间，南海区农林牧渔业总产值从82.35亿元增长到96.05亿元，且增速逐年提高。2021年南海区农林牧渔业总产值为112.66亿元，较上年增长9.8%，总量占佛山市农林牧渔业总产值比重较上年提升2个百分点。近年来，南海区农业产业化以创建国家级现代农业产业园南海区现代农业产业园为牵引，以淡水鱼为主导产业，在优化水产养殖业的同时，结合现代物流升级，大力发展预制菜产业，延长产业链链条，提升产业附加值，促进一二三产业融合发展。

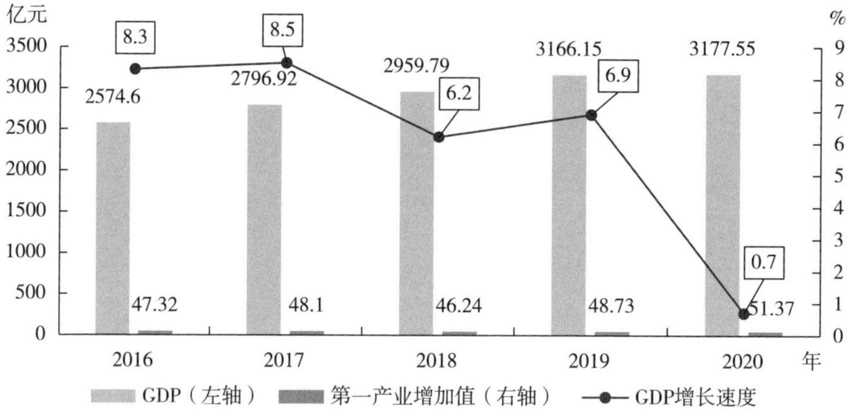

图 3－1　南海区 2016—2020 年生产总值及其增长速度

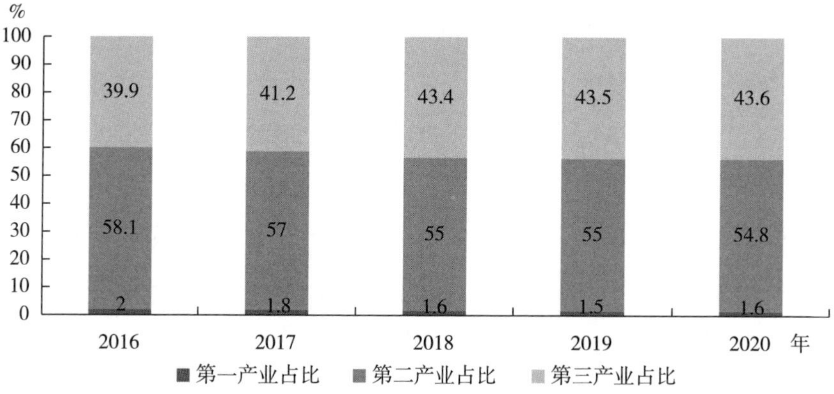

图 3－2　南海区 2016—2020 年三次产业比例

2. 人口情况及地域分布

根据第七次人口普查结果[①]，南海区常住人口为 366.72 万人，常住人口在佛山市排第 1 位；60 岁及以上常住人口占比为 9.73%，在佛山各区中排第 5 位，低于全省的 12.35%（见图 3－3），与全省平均水平相比，常住人口老龄化进程较为缓慢，依然是年轻和极具活力的地区。

① 截止日期为 2020 年 10 月 31 日。

与2010年第六次全国人口普查相比，南海区十年间常住人口增加107.84万人，人口所占比重上升2.63%。2021年全年出生人口1.97万人，出生率为11.7‰；死亡人口0.76万人，死亡率为4.5‰；自然增长率为7.2‰。

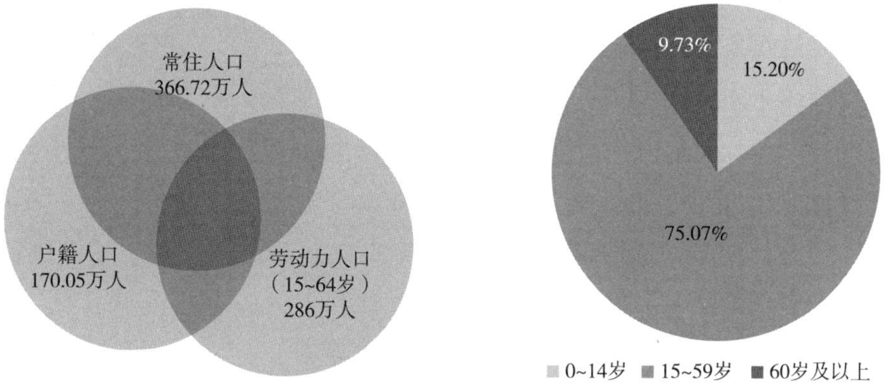

图3-3　南海区第七次人口普查相关数据

南海区下辖7个镇街，具体人口数量分布情况如表3-1所示。

表3-1　　南海区各街镇人口分布情况

人口数量	乡镇
73.3万	桂城街道
21.83万	九江镇
31.93万	西樵镇
23.94万	丹灶镇
95.53万	狮山镇
78.96万	大沥镇
41.25万	里水镇

3. 金融业经营情况

地方银行业规模较大，发展速度较快。截至2021年末，南海区银行业金融机构近30家，银行业各项存款余额6382.64亿元，同比增长

14.87%，增速比去年同期上升5.54个百分点；各项贷款余额为4419.53亿元，同比增长20.39%，增速比去年同期上升7.58个百分点；存贷比为69.2%，银行业利润达到108.76亿元。南海区金融业增加值从2018年的108.87亿元增加至2021年的162.81亿元；占GDP比重从2018年的3.68%增加至2021年的4.57%。金融业已成为南海区经济发展重要支柱产业之一。

坐落于南海区的广东金融高新技术服务区是广东唯一省级金融后台服务基地，也是广东建设金融强省的七大基础性平台之首。广东金融高新区是广东第一个金融·科技·产业融合创新综合试验区、全国第一个“互联网+众创金融示范区”。截至2020年末，广东金融高新区核心区共引进项目1024个，累计投资规模超过1580亿元，吸引金融白领人才数量超6万名。

（二）南海区农业农村基本情况

1. 地理区位和自然条件

南海区位于广东省中南部，辖区面积1071.55平方公里。东连广州市区，西邻三水区、高明区，南接顺德区，北濒广州市花都区。南海区地貌单元主要有三角洲平原、丘陵、低山。南海区属亚热带季风气候，年平均气温22.4℃，热量丰富，雨量充沛，雨热同季，夏长冬短。全年主要降雨量出现在4—9月，成为“汛期”，汛期的平均雨量为1305.9毫米，占全年总雨量的79%；10月至次年3月为“干季”，平均降雨量为335.5毫米，占全年雨量的21%。

2. 特色优势农业情况

南海区以国家级现代农业产业园南海区现代农业产业园为龙头，积极发展都市现代农业和特色优势农业。除闻名的淡水鱼养殖、蝴蝶兰种植外，南海区常见的谷物果蔬类也不少，是名副其实的鱼米之乡。具体情况如表3-2所示。

表 3－2　　主要农业产业情况　　单位：亩、吨

序号	品种	面积	产量
1	淡水鱼	132500	206200
2	花卉	48745	—
3	谷物	2941	1294
4	薯类	3156	900
5	蔬菜及食用菌	195130	305301
6	瓜类（果用瓜）	2383	2856
7	青饲料	470	1372
8	香蕉	310	1435
9	火龙果	220	499
10	番石榴	115	241
合计	—	385970	520098

数据来源：南海区 2021 年统计年鉴。

3. 农业产业化情况

南海区现代农业产业园以预制菜、大型农业产业园区、全域养殖池塘改造提升为重点工作。南海区现有农业龙头企业 51 家、农民专业合作社 65 家、现代农业园 6 个；优质高值鱼养殖面积共 5.2 万亩，花卉种植面积 4.87 万亩。

南海区作为全国最大的淡水鱼养殖区、繁育中心、加工疏通中心。2021 年末，南海区九江镇的“九江鱼花产业园”已成雏形，2021 年，南海区实现水产品总产量为 20.65 万吨，其中淡水鱼养殖产量为 20.62 万吨，产业综合产值达到 102 亿元。南海区也是全国最大的蝴蝶兰生产基地，全国每 4 株蝴蝶兰就有一株出自南海。2021 年，南海区里水镇被授予广东省“一村一品、一镇一业”专业镇的称号。里水镇已建成万顷园艺世界、梦里水乡百花园、南海花卉博览园、梦里花田等千亩特色农业产业园。以水产、花卉为两大特色农业支柱产业，南海有效打造优势特色产业集群。

4. 农业主体与农业品牌情况

近年来，南海区商事主体存续数量持续大幅增长，经济活力不断增

强。截至 2022 年末，佛山市南海区存续的商事主体共有约 56. 7 万户，其中批发和零售业约有 28. 4 万户，约为南海区总数的一半；根据国标行业分类，南海区共有农、林、牧、渔业企业主体约有 3169 户，其中农、林、牧、渔专业及辅助性活动，林业和畜牧业分别约有 1912 户、599 户、320 户、271 户和 67 户，分别占总数的 60. 03%、18. 9%、10. 1%、8. 6%和 2. 1%。

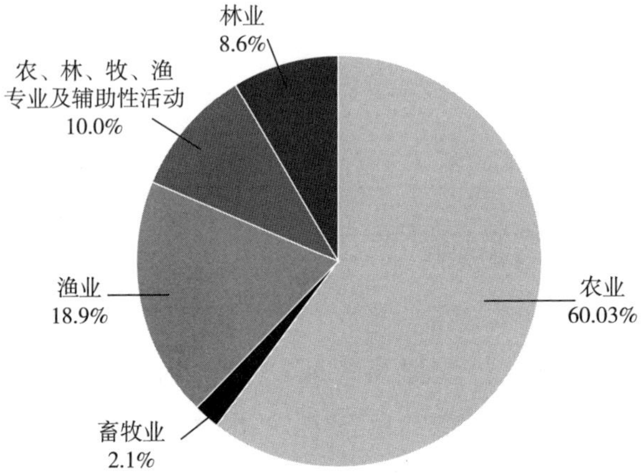

图 3－4　南海区农林牧渔业商事主体构成比例情况

南海区现有“粤字号”农业品牌 36 个，其中主要集中在淡水鱼养殖、预制菜制作、稻米种植、花卉种植等行业。与其他地区的国家地理标志产品等名优品牌产品不同的是，上述南海区“粤字号”的农业品牌以企业拥有为主，且每个品牌都有市场销路不错的相应产品。这说明，与经济发展程度不高的地区相比，南海农业品牌的市场认可程度和商业价值更高，在未来延伸产业价值链和产品开发方面，具有优势。

（三）南海区农业产业方向

南海区农业产业发展以水产养殖及加工、花卉种植为两大特色农业支柱产业，有效打造优势特色集群产业。水产方面，以南海区国家现代农业产业园这一载体，推动农业生产要素向园区集中、优势产业向园区集聚，推进农业产业化、多功能化经营。南海区是全国最大的淡水鱼养殖区、最大的淡水鱼苗繁育中心、最大的淡水鱼加工流通中心以及国家级水产健康和生态养殖示范区，淡水鱼苗繁育水平全国领先。在继续巩固提升水产健康养殖和生态养殖成果的基础上，南海区以工业化理念推动现代农业发展，发展水产品预制菜产业，提升农业规模化产业化发展水平，促进一二三产业融合发展。

花卉方面，在已建成的万顷园艺世界、梦里水乡百花园、南海花卉博览园、梦里花田等千亩特色农业园区的产业基础上，南海区正积极创建花卉园艺产业园省级现代农业产业园，努力实现花卉种植等主导农业产业标准化、规模化、品牌化发展。

二、南海农商行服务乡村振兴和实体经济情况

（一）南海农商行基本情况

截至2021年末，南海农商行资产总额为2485.72亿元，各项贷款余额为1250.35亿元，各项存款余额为1788.30亿元，各项业务稳健发展，存贷款市场份额均保持全区首位。2021年，南海农商行实现营业收入为59.76亿元，拨备前经营利润为39.54亿元，利润总额为35.20亿元，净利润为30.43亿元，纳税总额为11.15亿元，经营效益有所增长。截至2021年末，南海农商行资本充足率为15.99%，流动性比例为47.55%，不良贷款率为1.08%，拨备覆盖率为295.31%，贷款拨备率为3.19%，主要监管指标持续达标。2021年，南海农商行在英国《银行家》杂志（*The Banker*）发布的“全球银行1000强”排行榜中排名第379位，在中国银行业协会发布的“中国银行业100强榜单”中排名第70位，在全国农商银行中排名第14位。

为进一步完善公司治理体系，丰富资本补充渠道，增强服务地方实体经济的实力，南海农商行于 2018 年 2 月启动 IPO 工作。在各级政府和监管部门的关心支持和悉心指导下，通过全行上下共同努力，南海农商行于 2019 年 5 月完成 IPO 申报工作，并获得证监会正式受理，截至 2021 年末，南海农商行在深交所主板预先披露更新企业中排名第 5 位。

（二）赋能“三农”等乡村振兴工作情况

“三农”工作一直以来都是农商行的重点工作方向，南海农商行根据南海区政府推进村级工业园区改造的政策和地方“三农”实际情况以及乡村产业振兴的政策方向，结合已有的“一镇一品”服务方案和内部机构情况，及时推出专项贷款产品及方案；同时，设立专职机构，提高信息技术在乡村振兴服务产品中的应用水平，增加便民服务设备，完善乡村数字金融服务渠道，助力“三农”业务发展，提高乡村振兴服务能力。

1. 积极参与佛山市村级工业园改造工作

南海农商行积极响应佛山市政府关于村改造大攻坚的号召，将支持村级工业园改造与“一行一策、一镇一品”综合金融服务方案有机融合，推出工业园区改造专项贷款产品及方案，系统推进村级工业园改造支持工作。在认真总结梳理南海村级工业园改造的四大类九种改造模式后，南海农商行针对性地设计不同的融资对接方式，如“九融通”支持九江镇的中兴新城项目、临港产业社区项目，“里和通”支持里水镇的大冲科技生态工业园、海南洲连片改造项目以及文头岭片区四大千亩连片村级工业园改造项目，“樵山通”支持西樵镇的山北片区、山南片区、听音湖拓展区、三乡片区以及西江片区五大连片产业片区升级改造项目，“融通西南”支持三水区西南街道的老沙岛、董营、大塱山、五顶岗、洲边、南岸、木棉七大片区村级工业园区改造。在产品和方案方面，南海农商行快速推出“工业园区改造贷款”产品，将金融支持渗透至土地前期整理、拆迁补偿、固定资产购建、开发建设等不同环节，满足改造主体的融资需求；创新打造“园融通”综合金融服务方案，为村级工业园改造项目的不同阶段、不同参与主体提供全方位金融服务支持。

自2020年以来，南海区公开重点推介的64个村级工业园提升改造项目中，南海农商行已授信和正在对接项目合计64个，项目覆盖率达100%。其中，已授信的项目18个，授信金额为79.37亿元；正在对接的项目共46个。在支持城乡土地高效利用方面，已授信支持的村级工业园改造项目（含都市型产业载体项目）共计60个，涉及改造土地面积2.21万亩，授信总金额为184.46亿元，累计发放104.65亿元，贷款余额为65.10亿元，实现全区七大镇街全覆盖。未来南海农商行将采取主投、联投、跟投等多种方式，计划多渠道组织安排不低于100亿元用于支持村级工业园改造工作。

2. 全方位加强乡村振兴工作

近几年来，南海农商行通过成立乡村振兴服务中心、创新乡村振兴服务产品、完善乡村数字金融服务渠道、“千行千村”结对共建等方式，助力“三农”业务发展，不断加强对乡村振兴工作的支持。

（1）成立乡村振兴服务中心，强化乡村振兴服务能力

2021年，南海农商行成立乡村振兴服务中心，配套出台《强化支持乡村振兴发展实施指导意见》，制定全行强化服务乡村振兴“十七条”举措，从资源引导、涉农服务、乡村建设、居民生活、数字创新、机制建设六大维度支持乡村振兴工作，继续围绕深耕本地、服务覆盖、结构优化、品牌突出、业务创新五大工作理念，为金融服务乡村振兴贡献南海农商行的强劲力量。

（2）夯实完善乡村振兴工作机制

近几年，南海农商行每年在授信政策指引中专设乡村振兴授信管理模块，明确提出全行信贷业务紧扣“服务‘三农’、服务小微、服务

民营经济和地方产业”的市场定位。在稳经济促发展三十三条服务措施中明确保障乡村振兴信贷资源供给，明确持续深耕乡村振兴的年度重点工作规划。2022 年 5 月，南海农商行与南海区农业农村局签署金融服务乡村振兴全面合作协议，为南海乡村振兴发展提供“一揽子”金融支持，五年内整体意向授信额度为 100 亿元。

（3）助力乡村产业兴旺，满足乡村产业振兴需求

南海农商行专门针对本地池塘标准化改造工作和九江镇南金村加州鲈养殖产业进行专题调研，通过调研进行业务优化，创新推出“美丽池塘贷”“鱼塘升级改造贷”“水产养殖贷”等服务水产养殖产业链的产品；南海农商行大力支持预制菜产业发展，2022 年，联合南海区农业农村局举办南海区预制菜产业发展首批企业授信签约仪式，与南海区预制菜产业以及预制菜产业代表企业进行 50 亿元授信签约。同时推出预制菜产业专属产品“珍味贷”，助推预制菜产业发展。

同时，南海农商行联合政府、保险公司推出“南海区政银保”合作农业贷款，成为国内首例通过银保监会审批推出的合作农业贷款模式。根据对佛山市本地农业、工业和科技领域的调研情况，南海农商行创新打造“三匠贷”品牌，推出“农匠贷”“工匠贷”“科匠贷”三个子产品，直达农业、工业、科技领域的领军企业及优秀人才，为其提供担保方式灵活、手续便捷的综合金融服务。

（4）完善“三农”金融配套服务，提高农村金融服务覆盖面

借助互联网和大数据风控，利用人脸识别、自动风控等技术手段，南海农商行推出“海纳百村”整村授信项目，实现科技为业务赋能，破解农村建房装修、教育、购车等消费融资难题。截至 2021 年末，“海纳百村”整村授信项目已覆盖南海 7 个镇街、25 条自然村，累计预授信三万余户，累计预授信金额达到 35.61 亿元，贷款余额为 5181.78 亿元。

南海农商行开通“农财随身管”村居杂费移动支付功能。对接南

海区农业农村局“农财随身管”移动应用服务软件，为村居缴费提供移动支付功能。缴费资金直接进入村居集体银行账户，资金运转全程可追溯，有效维护村居资金管理。同时，以网点接入“粤省事”平台的232台超级柜为媒介，推动残联、治安、民政、司法、卫健和自然资源等40多项政务服务直接进村，进一步提升乡村政务及金融服务便捷性。

（5）实施党建结对共建助力乡村组织振兴

为深入贯彻落实乡村振兴战略和广东省委关于“万企帮万村”的部署要求，扎实推进“千行千村”党支部结对共建项目，南海农商行与40多个村居党委（党支部）开展结对共建，每年深入开展各类志愿服务活动近200次，并主动投入经费打造或修缮老年幸福院、农家书屋等，有效提升共建村居金融服务效能。

（三）支持中小微企业等实体经济工作情况

在“高质量发展”目标指引下，南海农商行将支持中小微企业和服务以制造业为主体的实体经济作为长期战略，坚持以客户为中心，将资源优先配置到民营和小微企业、制造业等信贷业务，积极引导信贷资源投向中小微企业和制造业等实体经济领域。

截至2021年末，南海农商行各项贷款余额为1250.35亿元，其中：中小微企业贷款余额为899.14亿元，占各项贷款比重71.91%；民营企业贷款余额为665.77亿元，占各项贷款比重53.25%；全行制造业贷款余额为405.20亿元，占各项贷款比重32.41%。

表3－3　　2019—2022年南海农商行支持实体经济情况　单位：亿元、%

年份	各项贷款余额	中小微贷款余额	占比	民营企业贷款余额	占比	制造业贷款余额	占比
2019	966.18	707.66	73.24	494.07	51.14	306.68	31.74
2020	1126.82	831.12	73.76	598.48	53.11	372.3	33.04
2021	1250.35	899.14	71.91	665.77	53.25	405.2	32.41

1. 以制造业隐形冠军和上市公司为重点支持实体经济

南海农商行构建“一站式”金融服务模式，由普惠金融事业部、公司业务部为制造业隐形冠军企业提供专属服务，总计推出超170款产品，创新推出多款政银合作类产品，有效解决企业“融资难、融资贵”问题；同时，南海农商行近年来多次举办“服务南海助力湾区”服务大会，精准对接企业融资需求。2019年以来，累计向南海区隐形冠军和龙头企业投放贷款147.68亿元，支持隐形冠军79家，龙头企业108家（含隐形冠军61家）。

根据政府部署，2019年以来，南海农商行对区内暂遇经营困境的4家上市公司开展纾困工作，累计向其发放贷款15.71亿元，帮助其摆脱担保债务诉讼困扰，重新走上正常经营轨道。

2. 持续优化服务科技型企业质效

南海农商行于2015年设立科技支行，是佛山首家设立专业服务机构扶持科技企业发展的本土银行；2018年，挂牌成立科技金融中心，搭建以科技金融中心为面、三家科技支行为点的科技金融服务新布局，构建“高科金融”特色品牌；2021年，把科技金融服务职能并入普惠金融事业部，进一步整合资源强化对科技型企业的支持。

南海农商行创新审批模式，赋予科技支行一定贷款自主审批权，为科技型企业信贷业务开辟“绿色通道”。2021年末，科技支行最快可在1天内完成贷款审批，七成以上科技企业贷款在3天内放款，有效满足科技型企业“短、频、快”的融资要求。

通过与政府专项资金合作的方式，南海农商行使企业融资成本由年利率10%降低到5%左右；同时，发挥“知识产权+金融”的赋能作用，先后与南海区政府、佛山市市场监督管理局签订知识产权质押融资战略合作协议，计划未来3年分别为企业提供50亿元和200亿元的知识产权质押贷款，推动全市中小微企业、科创型企业持续健康发展。

截至2021年末，南海农商行累计服务科技型企业超过1000家，发放贷款超过600亿元。近3年来，南海农商行“高科金融”综合金融服务已累计为1402家科技型企业发放贷款668.48亿元，重点支持高端装备制造、节能环保、新一代信息技术、新材料等行业转型升级发展。

3. 主动对接重点项目，争取合作机会

在成功搭建政府重点项目主动对接机制后，南海农商行过去3年认真梳理区镇两级重点项目名单，主动做好项目对接服务。2019年，出台《支持产业金融（产城融合）发展指导意见》《支持金融科技产业融合发展实施意见》《三农及中小企服务实施意见》，全面对接地方政府规划实施的重点项目。2020年，通过开展“百行进万企”活动以及银企交流会等方式，主动展示支持企业的政策措施，携手促进城乡融合发展。2021年，在南海区各大镇街开展“同心聚力、合作共赢”银企对接交流会，积极参加各类招商引资及重点项目开工活动，助力地方推动产业转型升级。

2019年以来，南海农商行累计支持地方重点建设项目73个，贷款余额为122.56亿元。其中包括省级重点建设项目6个，市级重点建设项目13个，区镇级重点建设项目54个。

4. 深入推进“一镇一品”，创立政银合作新模式

南海农商行创新“一行一策、一镇一品”综合服务机制，围绕各镇街的重点规划和重点项目出台专属综合金融服务方案，已先后在南海区九江镇、里水镇、西樵镇和三水区西南街道办成功落地，拟投入570亿元支持上述镇街重点产业及产业载体项目建设。其中“九融通”重点支持九江镇医卫用非织造产业和家具产业等重点项目建设，“里和通”重点支持里水镇新一代信息技术、新型生物医药、新材料、智能家电、汽车产业等重点项目建设，“樵山通”重点支持西樵镇纺织、卫生用品及陶瓷产业等重点项目建设，“融通西南”则通过聚焦产业集群智造、城市空间赋能和村级园区盘活等重点项目载体，助力三水城市品质建设。截至2021年末，南海农商行通过“一行一策、一镇一品”服

务机制完成授信项目共80个，总授信为128.90亿元，贷款余额为50.98亿元。

（四）南海农商行对地方经济社会的贡献分析

金融是现代经济运行的核心要素，南海农商行深耕本土多年，对地方经济社会的贡献是体现在方方面面的。如每年对广大存款户支付大约40亿元的利息，对超过一万名股东每年超10亿元的股份分红，以及直接解决近5000人的就业等。且更持久的贡献是，作为本土法人金融机构，南海农商行的信贷资源对当地经济发展、社会进步方面的持续推动作用。

鉴于此，笔者选取2010—2020年的数据，基于信贷角度，研究并分析南海农商行对南海区地方经济发展、就业、居民收入等方面的贡献。

1. 金融对南海区经济增长贡献大于劳动力

（1）变量选取

因变量GDP为南海区地区生产总值；自变量K为南海区人民币各项贷款余额，L为南海区一二三次产业社会从业人员数量。

（2）计算结果

$$GDP = e^{2.341} \times K^{0.474} \times L^{0.345}$$

该模型的拟合优度R^2为98.1%。

（3）结果分析

根据柯布·道格拉斯生产函数，回归出南海区经济生产函数，信贷资源对经济增长的贡献为0.474，劳动力对经济增长的贡献为0.345，即南海区信贷资源每增加一个点，经济增长0.474个点，劳动力每增加一个点，经济增长0.345个点。

（4）基本结论

贷款和劳动力对经济增长的正向贡献效果明显，且贷款对经济增长的贡献度更高，约比劳动力的贡献度高37%。

2. 南海农商行信贷活动促进南海区整体信贷市场发展

（1）变量选取

因变量 K_2 为除南海农商行外的南海区人民币各项贷款余额；自变量 K_1 为南海农商行人民币各项贷款余额，GDP 为南海区地区生产总值，L 为南海区一二三次产业社会从业人员数量。

（2）计算结果

$$K_2 = e^{-2.874} \times K_1^{0.765} \times GDP^{0.985} \times L^{-0.454}$$

该模型的拟合优度 R^2 为 99.70%。

（3）结果分析

南海农商行每增加 1 个单位贷款，拉动 0.765 单位南海区其他金融机构贷款，在其他影响因素不变的情况下，南海农商行贷款每增加 1%，可拉动增加南海区其他金融机构贷款增长 9.26 亿～33.67 亿元。

（4）基本结论

南海农商行信贷活动在南海区整体的信贷市场发挥了重要的首创示范和带动作用，南海农商行每增加 1 个单位贷款，拉动南海区其他金融机构增加 0.765 个单位贷款。

3. 南海农商行贷款对南海区就业增长的拉动效应明显

（1）变量选取

因变量 L 为南海区一二三产业社会从业人员数量；自变量 K_1 为南海农商行人民币各项贷款余额，K_2 为除南海农商行外的南海区人民币各项贷款余额，GDP 为南海区生产总值。

（2）计算结果

$$L = e^{-2.897} \times K_1^{0.856} \times K_2^{-1.217} \times GDP^{1.475}$$

该模型的拟合优度 R^2 为 85%。

（3）结果分析

南海农商行单位贷款对南海区就业人数的拉动倍数为 0.856，即在其他影响因素不变的情况下，南海农商行贷款每增加 1%，带动南海区就业人数增加1.17万~1.58万人。

（4）基本结论

南海农商行贷款对南海区一二三次产业就业增长的拉动效应明显，单位贷款对就业人数的拉动倍数为0.856。

4. 南海农商行贷款促进南海区居民人均可支配收入增长

（1）变量选取

因变量INCOME为南海区居民人均可支配收入；自变量K_1为南海农商行人民币各项贷款余额，K_2为除南海农商行外的南海区人民币各项贷款余额，C为社会消费品零售总额。

（2）计算结果

$$INCOME = e^{-14.057} \times K_1^{1.203} \times K_2^{-0.906} \times C^{0.77}$$

该模型的拟合优度R^2为96.8%。

（3）结果分析

南海农商行贷款可有效推动南海区居民可支配收入增长，即在其他影响因素不变的情况下，南海农商行贷款每增加1%，南海区居民可支配收入将增加360.64~690.96元。

（4）基本结论

南海农商行贷款对南海区居民人均可支配收入具有明显的促进作用。

5. 南海农商行贷款提升南海区知识产权和技术发展

（1）变量选取

因变量ZL为南海区专利申请量；自变量NHNS为前述的K_1，即为南海农商行人民币各项贷款余额；L为南海区一二三次产业社会从业人员数量。

（2）计算结果

$$INZL = e^{-10.146} \times K_1^{1.566} \times L^{1.842}$$

该模型的拟合优度R^2为92.3%。

（3）结果分析

南海农商行贷款对知识产权技术的增长和发展的贡献是正向的，即在其他影响因素不变的情况下，南海农商行贷款每增加1%，南海区专利申请量将增加5.88~18.39件。

（4）基本结论

一是金融促进知识产权技术的增长和发展（技术进步），二是南海农商行的贷款对知识产权技术增长和发展的贡献也是正向的。

总体来看，在过去的十多年中，南海农商行对本地经济社会的发展起到了十分重要的促进、支撑和支持作用，其对经济增长、信贷市场、就业、居民收入、技术创新等方面贡献的具体表现如表3-4所示。

表3-4　　南海农商行对地方经济社会贡献总体情况分析

维度	贡献率	概述
经济增长	南海区信贷对经济增长的贡献率为0.474，比劳动力高37%	根据模型预测，2025年南海区GDP为4722.54亿元
信贷市场	南海农商行单位贷款可拉动0.765单位南海区其他金融机构贷款	南海农商行贷款每增加1%，可拉动增加南海区其他金融机构贷款9.26亿~33.67亿元
就业市场	南海农商行单位贷款对南海区就业人数的拉动系数为0.856	南海农商行贷款每增加1%，带动南海区就业人数增加1.17万~1.58万人
居民收入	南海农商行单位贷款对南海区居民可支配收入增长倍数为1.203	南海农商行贷款每增加1%，南海区居民可支配收入将增加360.64~690.96元
技术进步	南海农商行单位贷款对技术进步的增长倍数为1.566	南海农商行贷款每增加1%，南海区专利申请量将增加6~18件

三、乡村振兴战略下金融服务乡村产业振兴未来可期

（一）南海区乡村产业发展情况

南海区是珠三角经济社会发展的涵育地，在桑基鱼塘的基础上，农业产业发展逐步形成以淡水渔业养殖、花卉种植等为主的产业格局。随

着改革开放的逐步发展，南海区经济逐步从“户户点火，村村冒烟”的乡镇企业模式中逐步发展起来。经过四十多年，南海区第二产业和第三产业获得突飞猛进的发展，在成为制造业产业重要集聚区的同时，其第一产业增加值在过去二十多年间从25亿元逐步提升至70亿元。在这个过程中，可以明显发现，在第一产业增加值的绝对值不断增长的同时，南海区第一产业在国民经济中的比重总体上呈下降趋势，尤其是近十年来基本稳定在1.5%～1.7%。

（二）郁南、化州和南海三地乡村产业的比较

比较而言，近年来，郁南县第一产业增加值约为30亿元，第一产业占地区生产总值的比例约为25%；化州市第一产业增加值为130亿元左右，第一产业占地区生产总值的比重也在25%左右。从第一产业增加值的绝对金额来看，南海区第一产业增加值是郁南县的2倍，大约为化州市的一半；但从第一产业增加值占地区生产总值的比例这一相对值来看，郁南县、化州市两个地区的比值要远高于南海区。

近年来，南海区的三次产业结构的数量特征是“一产较小二产最大三产较大”，从乡村产业振兴的发展演进角度看，一定程度上说，郁南县、化州市在未来二十年或三十年的产业结构也会朝着这样的特征逐步演化。具体来说，随着乡村振兴战略的逐步推进，郁南县、化州市等县域地区的第一产业也将逐步“接二连三”，基于农产品（如罗非鱼）等农业产业的第二产业（如酸菜鱼预制菜的加工）、第三产业（如预制菜的直播销售等）也会逐步兴起，第二、第三产业在数量和规模上会保持明显的增长态势。在这个过程中，乡村人口等劳动力、住房、教育等配套资源也会逐步集聚集中。广义上，乡村振兴战略的持续推进必然带来大规模的土地连片经营、第一产业的“接二连三”，并由生产模式的转变进一步带来消费模式的巨大转变等，从而随着新的乡村集聚和新的城镇形成又带来新的城乡融合，最终促使农村人口及资源将

在生产、流通、消费、分配等方式发生巨大的变革。

（三）乡村产业振兴的特点与路径推演

从郁南、化州和南海三地产业发展现状和发展过程的比较来看，乡村振兴，特别是乡村产业振兴具有以下三个特点：一是乡村产业振兴会优先发生在具有一定乡村产业集聚的领域或地区，这些集聚产业的判断标准，无论是该产业产值（产量）占全部农业总产值（总产量）的比重在10%以上甚至更高，还是该产业的就业人口占当地人口在5%以上，抑或是该产业的市场主体占当地市场主体的比重在10%以上等，这是乡村产业振兴的发展基础。二是以第一产业为起点，逐步向第二产业和第三产业“接二连三”进行产业演进，这是乡村产业振兴的发展方向。三是随着第一产业的“接二连三”，第一产业在国民经济中的份额不断降低，最低可能会接近甚至不足1%，但其增加值的绝对值是持续增长的，这是乡村产业振兴的发展趋势。

因此，今天南海区经济社会发展体现出的某些特征，既可能是全国乡村振兴过程中共同元素的组成部分，也可能是郁南县、化州市等县域地区乡村振兴路径上的发展方向与路径选择。因此，研究南海农商行支持县域经济社会发展的历史过程，就是在推演郁南县、化州市等县域地区在乡村振兴过程中，第一产业“接二连三”、农业生产方式转变、农民消费模式不断更新、农村区域不断融合的过程。应该指出的是，通过三地的调研，我们发现第一产业“接二连三”需要县域公共政策性金融的深度推进，还需要建立系统化的公共配套措施，这些公共配套措施包括围绕本土本地乡村产业的职业教育、专利技术、食品安全认证、人才培养以及科研支持等，可以说乡村产业振兴是一项包括了财政、金融、科研教育等一系列要素在内的系统性工程。

最后，通过调研郁南、化州和南海等三地金融支持乡村产业振兴的相关情况，我们认为，金融支持乡村产业振兴必将大有可为！乡村振兴的国家战略必将实现！

四、方法论篇

金融支持乡村产业振兴调研课题的提出，基于我们在深耕农村金融的工作过程中发现一对突出的矛盾，即“三农”发展需要金融支持和县域农商银行涉农贷款难的矛盾。一方面，“三农”发展不充分，乡村振兴国家战略需要金融支持；另一方面，县域农商行却陷入贷款难，尤其涉农贷款难，发展举步维艰的境况。于是，我们选取了茂名、化州与郁南三个地区开展调查研究，并制定具体的解决办法，力求实现金融强有力地支持乡村产业振兴，提高县域农商银行的存贷比例。在此过程中，课题组形成并归纳出了一套涵盖整体思路、产业调查、方案设计、执行与评估在内的工作方法，希望能够对大家有所启发。

一、金融服务乡村振兴模式研究的整体思路

我们认为，做好本次金融支持产业振兴工作，首先需要对一个县域的总体产业布局及其发展现状、发展前景、发展生态、发展逻辑做全面深入的调查了解，在此基础上，对每个产业的主要市场主体的发展历史、现状、前景作分析，在宏观和微观层面都应了然于胸。其次是调查研究必须深入田间地头，找政府主管部门、行业协会、市场主体（企业、农户），到生产现场多方调查论证产业发展状况及市场主体的发展状况，了解制约金融支持产业发展的“瓶颈”，研究解决办法，提出融资解决方案，增加资金投入以促进相关产业、市场主体的发展。

（一）核心思路

本次调研工作，核心思路为综合各种调查方法，选定课题突破口，并基于农业产业发展痛点，创新金融产品。

1. 选定调研重点，找准课题突破口

为了透彻研究各个地区制约金融支持第一产业发展的“瓶颈”，

我们通过解读“十四五”规划，从政府机构如农业农村局、统计局、供销社等获取信息，实地走访龙头企业、农业合作社、种养大户等方式，深入了解各个地区的发展现状，进行产业调查分析，并重点选取了农业、农户、农村合作金融机构、农业农村局、农业代表企业五个维度，了解目前存在的问题，对点提出解决办法。至此，我们基本锁定了本次调研的重点，确定了整体的调研方向。五大维度分析具体如图4－1所示。

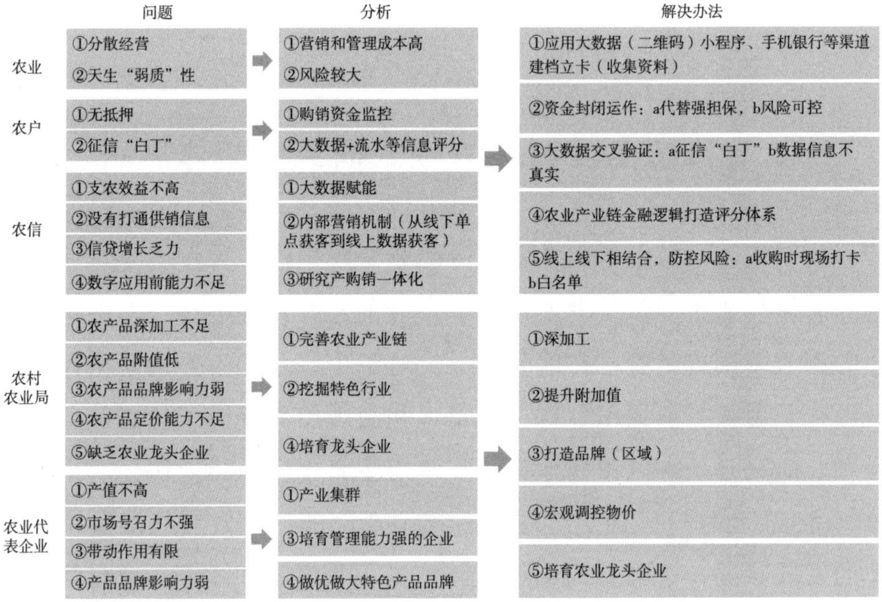

图4－1　五大维度分析

锁定调研重点，确定调研总体方向后，课题组制订专题研究工作方案，明确相关组织架构与职责、具体的调研工作计划与目标，保障调研工作有序开展。

同时，以课题突破口为核心，课题组有针对性地拟订调研课题提纲，初步拟定调研范围、撰写框架内容等要素，明确调研重点内容。如对郁南地区开展调研的课题提纲涵盖六大方面内容，第一部分为郁南县经济金融发展现状，从发展基础与发展环境、农业农村基本情况、郁南县“十四五”规划的发展机遇三个方面展开论述；第二部分为金融支持乡村振兴的现状、问题和发展制约，从农业、农户、农村金融机构、农业企业、政府五大视角展开论述；第三部分为金融需求分析，阐述路径为农业逻辑分析、金融需求挖潜、产品方案设计，具体选取无核黄皮产业、砂糖橘种植等产业开展分析；第四部分为产品设计与金融服务方案；第五部分为金融支持郁南乡村振兴的实践；第六部分为在政府层面、监管部门层面与金融机构层面的相关政策建议。

2. 基于农业产业发展痛点，创新金融产品

在调研过程中，我们了解到第一产业的天然“弱质”性，农户分散化经营、农户无抵押物、征信“白丁”等，农业产业资金难以监控。结合农业产业特点，以大数据赋能、信贷资金闭环为核心，有针对性地提出金融解决思路，着力解决难点痛点，具体如下。

一是线上化破解农业产业的分散化经营导致的信息分散困境。在客户端，开发微信小程序，实现收集客户基本信息，在银行端，进行标准化管理，实现客户线上建档立卡，解决客户信息分散、银行难以收集的痛点。

二是基于农业产业链金融逻辑的大数据赋能，综合应用评分模型与交叉验证方法，解决农户征信“白丁”，打通农业产、供、销信息。

三是贷款资金闭环管理运行，解决农户无抵押难题。“贷款资金闭环管理运行”模式即农户经营者原则上须将售货所得款项按照银行、农户及收购方的三方协议约定存入固定账户，并优先将农产品出售所得款项归还贷款资金（见图4－2）。如农户经营者不按照协议履行相关约定，银行保留采取提高贷款利率、纳入授信“黑名单”或者提前收回贷款等确保资产安全等必要措施的权利，从而实现农业产业资金流向监控与金融风险控制。

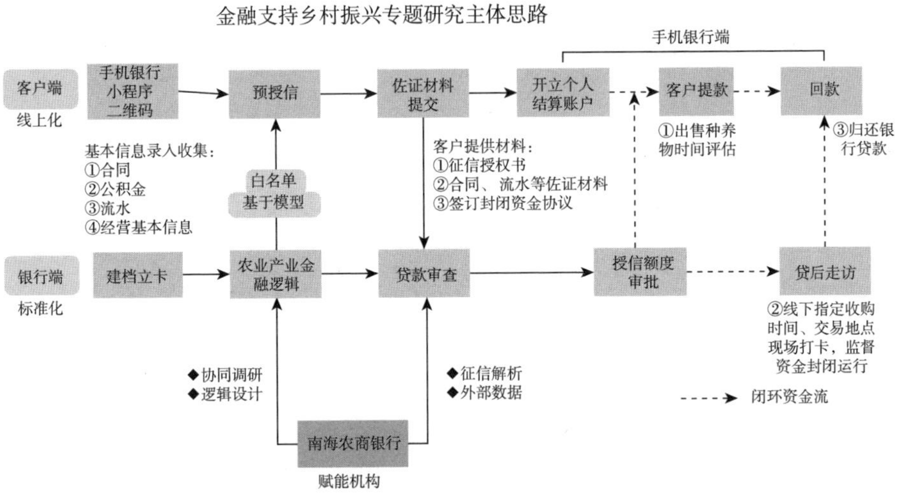

图4-2 资金闭环管理运行

（二）调研路线

本次调研分三个阶段，第一阶段为产业调查分析，了解区域的总体产业布局和主要产业主体的发展情况、发展生态、发展逻辑；第二阶段为金融解决方案设计，测算产业金融需求，找出制约金融支持产业发展的瓶颈，基于农业产业发展的痛点，创新金融产品；第三阶段为执行评估，开展可行性研究和落地，并研究制定配套政策和建议（见图4-3）。

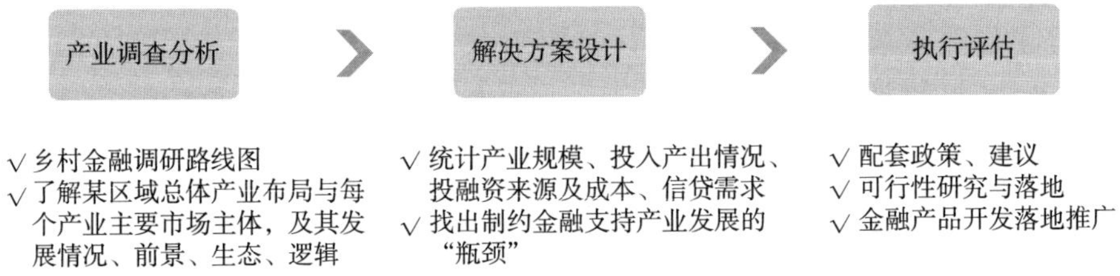

图4-3 调研路线

1. 产业调查分析阶段

该阶段主要目标是调研区域内总体产业布局及每个产业主要市场主体的发展情况、发展前景、发展生态与发展逻辑，并了解在相关产业发展过程中金融资金的可投放环节。在这个阶段，课题组运用田野调查、问卷调查、文献调查等调研方法，综合应用PEST分析法①、SWOT分析法②，了解该区域的地区生产总值、三次产业占比情况、特色优势农业情况、产业发展规划等，并对其现状、问题和发展机遇进行分析，力求从宏观和中观层面全面了解该区域经济状况，特别是农业产业的发展情况。

2. 金融解决方案设计阶段

该阶段的主要目标是开展金融需求分析与匹配解决方案，核心思路是将农业产业资金流通痛点赋予金融产品属性。具体有如下3个步骤：

（1）选定重点产业，开展产业概况与产业结构分析

根据调研重点，我们设计了产业调查"四表"，深度剖析区域内细分农业产业的产值规模、主要农产品的营利性、客户的融资结构和现金流向等。选取重点产业开展产业概况与产业结构分析与深度调查，了解该产业在养殖/种植环节、流通环节、加工环节的市场主体与资金流向。例如，化州重点产业的选取，我们了解到：2020年化州市实现农牧渔林总产值224.26亿元，其中前十大产业总产值之和约为154亿元，约占化州市农牧渔林总产值的68.67%，其中罗非鱼总产值27.69亿元，化橘红总产值35亿元，占前十大产业总产值的40.71%。综合该部分数据，同时结合我们对于化州第一阶段的调研得知，罗非鱼和化橘红为当地优势特色产业，据此，我们选取了该两个产业进行重点分析与突破。

① PEST分析是指宏观环境分析，P是政治（Politics）、E是经济（Economy）、S是社会（Society）、T是技术（Technology）。

② SWOT分析法又称态势分析法，是一种能够较客观而准确地分析和研究一个区域现实情况的方法。SWOT分别代表Strengths（优势）、Weaknesses（劣势）、Opportunities（机遇）、Threats（威胁）。

（2）金融需求测算

开展市场规模调研，详细听取客户反馈，确定产品需求，以产业链视角对养殖/种植环节、流通环节、加工环节的各个市场主体开展金融需求测算。例如，在对化州开展调研时，我们发现，化州市全市罗非鱼年产值约28亿元，但当地农村金融机构贷款支持相关产业共1.5亿元，银行信贷渗透率仅为5.4%。是否罗非鱼产业资金需求量不高？但我们深入田间、地头，跟农户、加工企业等深入访谈后得知：罗非鱼饲料商常以赊销方式对养殖户进行金融支持，饲料赊销的融资成本年化利率达35.55%；此外，罗非鱼养殖户的主要融资成本集中在民间借贷部分，高利贷资金占总投入资金约10%，约五成的民间借贷年化利率超过60%。由此可见，罗非鱼产业的养殖户的资金需求量远远高于我们的预期。我们通过分析罗非鱼产业各个环节的产值，对各个环节参与主体如饲料厂、养殖户、收鱼佬、加工企业开展金融需求分析，初步测算总需求约为4.95亿元。

（3）金融产品方案设计

通过复盘现有的金融产品，分析存在的问题，结合细分行业产业链特征，确定整体的业务模式，开展产品要素设计，并同步考虑信息科技技术、数据应用等配套的支持。此阶段，我们遵循“乡村产业振兴+产业链、乡村产业振兴+资金闭环、乡村产业振兴+大数据、乡村产业振兴+移动信贷”四大产品设计原则，针对不同的环节设定不同的授信方案，让信贷资金的流转更适应养殖户、加工企业等的实际经营需要，更有效帮扶农户、企业。

3. 执行评估阶段

我们认为，金融支持农业产业的发展，单凭金融机构的力量是不足够的。执行评估阶段的主要目标是开展金融解决方案的落地执行与评估，并相应提出配套的保障措施或政策建议。

开展落地执行与评估时，需要联合当地农村金融机构，对金融解决方案开展可行性研究，成立专业团队跟进产品营销与推广，对各产业链产品的要素适用性开展有效评估，并根据实际的推进情况及时反馈与动态调整。

此外，在推进过程中，需要联合政府部门、农村合作社、保险机构、龙头企业等单位的力量，形成合力，共同推进农村产业振兴。如为破解农户担保能力不足以及农业经营主体“融资难、融资贵”难题，可运用“政府+银行+保险”政银保模式，保险公司为种植户、中小微企业提供保证保险，银行提供贷款，政府提供保费补贴、贴息补贴和风险补偿支持，通过财政、信贷、保险三轮驱动，共同扶持农业主体发展。

二、金融服务乡村振兴模式研究的产业调查

（一）调查方法

1. 田野调查

田野调查又称实地调查或现场研究，它是来自文化人类学、考古学的基本研究方法论，即“直接观察法”的实践与应用，所有实地参与现场的调查研究工作都可称为“田野研究”或“田野调查”。田野调查的基本方法是参与观察和访谈。如在《化州篇》中，调查者通过深入田间地头，找政府主管部门、行业协会、市场主体（企业、农户），到生产现场，多方调查论证产业发展状况及市场主体的发展状况，了解制约金融支持产业发展的“瓶颈”。田野调查需要注意以下几点：一是保持价值中立，在调查中避免先入为主用调查者已有的价值体系去衡量、观察或评价调查对象，要求调查者以一种冷静、客观的态度去观察和收集资料，避免过多地卷入当地的社会关系中。二是把握好整体论，考虑文化要素之间的关联性，对于某一个特定的文化要素或文化现象的理解只能放在这种有机的结构关系中才有意义。在《化州篇》中，调查者通过向主要

农产品种植（养殖）商事主体实地调研和地方金融机构信贷部门工作人员面谈，了解农产品所在产业链的结构、特点和经营模式，对各环节的资金需求进行测算，得出资金需求总量，提出完善产业链的优化对策，促进农产品产业发展。三是文化是相对的，文化是多样性的存在，每种类型的文化都有其自身的价值，都是人类共同文化的组成部分，不同文化之间并没有高低贵贱之分，每种文化都有其自身的价值。如经济正在发展的区域，其文化也有其独特性，值得我们去学习借鉴。

通过田野调查，调查者可通过观察获得直接的、真实可靠的第一手资料，但该种方法观察到的往往是事物的表面现象，可能带有一定的偶然性，所以常常需要结合其他调查方法共同使用。图4－4为调研组赴郁南进行实地调研，无核黄皮种植大户欧云霞介绍黄皮种植情况。

图4－4　无核黄皮种植大户欧云霞介绍黄皮种植情况

2. 问卷调查

问卷调查是较为广泛使用的一种调查方法。问卷是指为统计和调查所用的、以设问的方式表述问题的表格。问卷调查是调查者用这种控制式的测量对所研究的问题进行度量，从而收集到可靠资料的一种方法。问卷调查大多用邮寄、个别分送或集体分发等多种方式发送问卷。由被调查者按照表格所问来填写答案。问卷法的主要优点在于标准化、成本低、易于控制，但问卷调查的调查结果质量不一定得到保证，问卷回收率难以保证。

设计问卷需遵循以下原则：一是问卷中的所有问题都应和研究目的相符合，即问卷中的问题应是研究问题和假设所要测量的变量；二是问卷要清楚地说明问卷的重要性；三是问题要简明扼要、客观，不能暗示答案；四是所问问题不能超出回答者的知识和能力范围。如在《化州篇》中，调查者通过向主要农产品种植（养殖）商事主体派发问卷，了解到地方主要农产品单位面积产出的收入、支出和农产品的种植（养殖）面积和投入成本等基础数据，可预计相关产业未来的发展空间和发展方向，分析相关农产品商事主体种植（养殖）环节成本端现金流的周期特征，分析不同农产品单位面积的投入成本大小和规模化程度差异以及背后的影响因素等，分析各类农产品种植（养殖）环节的融资需求和金融机构现有产品的有效性和匹配度，进而匹配适合金融支持农村产业振兴的服务机制和产品。

3. 文献调查

文献调查是通过文献的收集和摘取，以获得关于调查对象信息的方法。适用于研究调查对象在某时间段内的发展变化，研究角度往往是探寻一种趋势，或弄清一个演变过程。这种方法能突破时空的限制，进行大范围地调查，调查资料便于汇总整理和分析，同时还具有资料可靠、用较小的人力、物力收到较大效果等优点，但它往往是一种先行的调查方法，一般只能作为调查的先导，而不能作为调查结论的显示依据。如在《化州篇》中，调查者通过化州市政府官网和《化州年鉴2019》得知化州市经济发展和农业农村的基本情况，帮助调查者在深入调研前对化州市有一个全貌的认知。调查者通过查阅《化州特色农业发展整体规划（2018—2035 年）》，了解到化州市特色农业产业的发展规划，可以更好地预估化州市农业产业的发展趋势或发展重点。

（二）分析工具

俗话说，“工欲善其事，必先利其器”。前面，分析了农业产业振兴的调查方法。这部分内容将着重介绍用来分析农业产业和相关企业基本情况 4 个工具。通过这些工具，可以摸清地方主要农业产业的发展现状和主要经济情况，如产值、种植（养殖）面积、地域分布、借贷金额来源和数量以及比例、收支数额等。这些情况和数据为后续的产业金融需求分析和金融机构产品设计、服务方案制订等工作奠定了基础，也是决定金融机构精准对接乡村产业振兴工作的关键因素。

1. 主要农业产业经济金融情况调查

本表具体内容如表 4－1 所示。

表 4－1 的数据源于对地方农业农村局、金融机构、地方行业协会和龙头企业等对象的实地调研，并以交叉核实等方式进一步确认表内相关数据。表 4－1 一是将主要农业产业划分为种植（养殖）和加工两个环节，意在从宏观角度分析相关产业所处发展阶段和环境，掌握地方特色优势农业产业基本面；二是统计主要农业产业的种植（养殖）面积、产量和产值、相关商事主体数量、代表性企业等客观数据，进一步丰富了对地方主要农业产业的认知，理解了产业宏观层面数据与产业内部企业规模化和市场化程度的映射关系；三是计算目前产业内获得信贷资源的情况，对金融机构支持乡村产业振兴情况进行摸底。同时，在实地调研过程中采取问卷调查和面谈等方式，收集和了解农业农村局、金融机构、地方行业协会和龙头企业等对象对金融支持乡村产业振兴工作的意见和建议。

2. 主要农产品单位面积收支情况

本表具体内容如表 4－2 所示。

表 4－1　　主要农业产业经济金融情况调查

指标	种植/养殖环节								加工环节（分拣/包装/经销等和食品/药品/饮料/干果/工艺品等）							全产业链产值（亿元）	全行业信贷余额（万元）	信贷余额占产值比例（%）
产业	面积（万亩）	主要分布的镇	产量（吨/头等）	产值（亿元）	从业人员（万人）	商事主体类别与数量（个）	代表性企业或商事主体（3—5个）	该环节已投放信贷余额（万元）	加工形式	该环节产量（吨）	该环节产值（亿元）	该环节商事主体数量（个）	该环节从业人员（万人）	代表性加工企业（3—5个）	该环节已投放信贷余额（万元）			

注：1. 商事主体类别包括：企业（公司）、农业合作社、家庭农场、种植大户、农村经纪人。请分类别填写相应的主体数量。

2. 如有其他成规模或合适的产业，请在省略号那一行增加并填写相关信息，如有多个，可增加行数。

3. 行业信贷余额一列，请填写该产业在银行业机构的合计数据，如统计存在困难，就填写该产业在本行的数据。

4. 数据时间截止至可获取数据的最近时间点。

表 4－2　　主要农产品单位面积收支情况

序号	农产品	亩产（斤）	收购价（元/斤）	收入（元）	成本（元）	分项成本（元/亩）								利润（元）	备注
						租金	种苗	人工	肥料	药物	饲料	电费	其他		
	罗非鱼														
	无核黄皮														
	砂糖橘														

表4－2数据来源于向主要农产品种植（养殖）商事主体的实地调研和地方金融机构信贷部门工作人员的面谈和问卷调查。为确保数据的真实和有效性，与地方农业农村局工作人员做了进一步沟通。表4－2的用途主要有以下4点：一是对地方主要农产品单位面积产出的收入、支出等情况做初步的摸底和确认，预计相关产业未来的发展空间和发展方向；二是做细相关农产品单位面积成本分析，厘清主要成本支出项和成本结构，分析相关农产品商事主体种植（养殖）环节成本端现金流的时间结构；三是比较分析不同农产品之间的量价差别、收入和成本差别、成本结构差别等情况，明确各类农产品产业化的思路和金融支持的注意事项；四是利用地方金融机构已发放贷款相关资料，梳理主要农产品的发展现状和风险点。

3. 农产品成本收入情况

本表具体内容如表4－3所示。

表4－3数据源于向地方各镇农产品集中种植（养殖）户、一定规模的家庭农场和农业合作社等市场化程度较高的商事主体的实地调研和问卷调查。收集表4－3相关的数据有以下4个目的：一是根据农产品的种植（养殖）面积和投入成本数据，分析不同农产品单位面积的投入成本大小和规模化程度差异以及背后的影响因素；二是根据资金来源拆分投入成本总量，分析各类商事主体的经营活动特征和经营计划，同时比较不同农产品资金来源的差异性和比例大小，谋划后续的金融支持乡村产业振兴工作；三是根据各类商事主体融资渠道的金额、期限和利率等关键数据，分析各类农产品种植（养殖）环节的融资需求和金融机构现有产品的有效性和匹配度；四是根据商事主体的问卷调查结果和相关数据分析结论，适时更新金融支持农村产业振兴的服务机制和产品。

4. 农产品收益投向情况

本表具体内容如表4－4所示。

表 4－3　**农产品成本收入情况**

农产品	面积或总量（亩）	投入成本（元）	自有资金投入（元）	融资投入（元）	分项融资成本											
					赊销交易			民间借贷			银行融资					
											农商行			其他银行		
					赊销金额（元）	期限（年）	到期应付（元）	借款金额（元）	期限（年）	利率（%）	借款金额（元）	期限（年）	利率（%）	借款金额（元）	期限（年）	利率（%）

注：1. 投入成本 = 自有资金投入 + 融资投入。

2. 融资投入 = 赊销交易 + 民间借贷 + 银行融资。

3. 银行融资 = 农商银行 + 其他银行。

表 4－4　**农产品成本收入情况**

农产品	面积或总量（亩）	该农产品上年收入（元）	该农产品上年成本（元）	该农产品上年收益（元）	收益投向（元）						
					自有资金投入扩产	存款/理财	消费	子女教育	保险保障	固定资产	其他

表4-4数据来源于向地方各镇农产品集中种植（养殖）户、一定规模的家庭农场和农业合作社等市场化程度较高的商事主体的实地调研和问卷调查。表4-4设计目的主要有以下3点：一是根据各类商事主体的种植（养殖）面积、收入和收益数据，比较分析其经营效率和收益，并根据问卷调查的结果，总结其扩大再生产的可能性；二是根据收益投向的进一步细分，分析不同农产品和不同商事主体的差别，为后续金融支持乡村产业振兴精准营销奠定基础；三是将收益投向各细分项再归类为再生产和消费两大类，并进行总量分析和对象的特征分析，从乡村产业振兴（经营）和乡村普惠金融（消费）两个大方向开展金融支持乡村产业振兴的产品设计工作。

5. 总结

主要农业产业经济金融情况调查表、主要农产品单位面积收支情况表、农产品成本收入情况表和农产品收益投向情况表分别从宏观和微观、农业产业和商事主体等角度对乡村产业振兴进行分析，力求做到全面、客观、真实、有效，为金融支持乡村产业振兴工作摸清当地实际情况，为后续金融产品设计和金融服务机制与方案制订工作指明方向。这四个表是作为一个整体的，只有将四个表内各项数据结合起来看、综合分析，才能得出比较客观和有效的结论。从整体的角度来看，一是通过四个表内相关数据的交叉验证，核实相关产业和农产品的官方统计数据，确保各项明细数据的真实性，做实后续的产业金融需求分析和金融机构产品设计；二是通过四个表格内不同农业产业、农产品和商事主体的各类数据，比较分析产业间和产品间的相同点和不同点，并分析其收益情况、资金流和资金来源等情况，有利于金融机构精准把握产品准入门槛、期限、还款方式和担保条件等细节条款设计；三是结合四个表内相关数据和问卷调查以及现场沟通等信息，在地方政府五年规划和相关宏观规划的框架下，综合分析地方农业产业振兴的路径、金融支持措施和政策建议。

三、金融服务乡村振兴模式研究的方案设计

（一）需求分析

1. 全产业链角度

传统的贷款产品设计思路通常是以第二还款来源为设计出发点，这类产品往往有着更加普遍的适用性和广大的客户来源，有利于快速推广，迅速抢占市场资源。在市场几乎饱和、银行业信贷业务竞争已处红海的今天，传统产品已陷入同质化恶性竞争。另外，传统产品对于第二还款来源的强硬要求与农村、农民土地、自建房难以交易、抵押，缺乏强抵押强担保的现状相冲突。

针对乡村产业振兴的实际情况和农业产业经营主体的经营现状，金融机构在进行产品设计的时候应当着眼于从农业产业的现状以及商业运作模式出发，设计出符合产业运作逻辑、能够恰到好处地满足客户需求的贷款产品。这样的产品虽然目标客户并不是非常广泛，会局限在某一个行业的从业者里面，但会比传统产品更加有竞争力，更加贴合乡村实际的金融需求，同时也能针对性地设计出与特定行业经营现金流和资产特点相匹配的风控措施，如“资金闭环管理”、林权质押、水面权质押等。从全产业链视角出发设计出来的产品可以更加贴合乡村产业振兴的需要，激活沉睡的农村资产，最大限度地助力乡村振兴战略。

2. 农业产业金融需求折算（估算）方法

通过上述调研方法和分析工具的指导，在测算产业产值折算时，我们以全产业链为切入点，着重分析各类产业的价值链条特点、现金流方向和周期性规律、各类投资性支出等基本情况。一是针对产业种植、加工和流通等环节采取不同的计算方法。例如，在化州罗非鱼产业的产值折算过程中，我们根据涉及的经济主体将整个产业链拆分为饲料供应、

养殖、流通、加工等经济活动，并根据各种经济活动的产值和资金来源渠道和占比，分别测算各环节金融机构可新增的信贷规模。二是根据产品销售市场规模测算产业加工端金融需求。如根据对不同年份橘红干果的售价和行业产量，测算出化州市化橘红加工后的总产值约为 23 亿元，按照 15% 的比例估算，可增加金融机构信贷规模约 3.45 亿元。三是按照产业种植环节资金投入量和现金流周期特点测算产业种植端金融需求。如根据调研得知郁南县黄皮树种植后的前三年只有资金投入，没有产出，第四年开始才有现金净流入，这意味着在新开发种植园或者扩大生产的时候会有比较大的资金压力。根据郁南县地方政府对扩大黄皮种植的规划和上述现金流周期和资金投入情况等信息，测算出可新增金融机构信贷规模约 2.28 亿元。四是紧跟市场对产业的需求变化，及时跟进新产品所孕育的金融需求。如化州市在原有罗非鱼的基础上，正大力培育一种新品种——脆罗非。因市场需求旺盛，脆罗非的价格较普通罗非鱼的价格高出近 1 倍，当地脆罗非养殖面积呈爆发式增长，催生新的金融需求；又如随着预制菜行业的火爆，以罗非鱼和脆罗非为基础材料的加工生产将会带来大量的固定资产投资需求和流动资金需求。

（二）产品设计原则

1. 定位核心企业

在产业链金融服务过程中，重点是有效定位核心企业。核心企业是指农业产业链中的龙头企业、地区特色农业经营户、对上下游具有紧密供应关系的销售商或供货商等。通过有效定位核心企业，可以将金融服务通过核心企业延伸至产业链上各经营主体，完成对全产业链金融服务需求的有效了解和对金融服务供给进行有效整合，对该企业的整条供应链开展融资方案设计。

龙头企业和农户、上游供应商之间签订产品订单，核心龙头企业为农户、上游供应商提供担保，银行以订单质押为支持为农户及上游供应商提供信贷支持，龙头企业在收购产品时督促关联企业、农户归还贷款，形成资金的闭环管理。

2. 创新金融产品

如以郁南为例，提升郁南农业产业化水平，需要加快金融产品创新手段，针对农业生产季节性强、周转快、需求急的特点，如无核黄皮正常7月中旬开始上市，到8月中旬结束，时间约1个月；砂糖橘9月下旬始甜，10月下旬至元旦采收上市，时间持续约2个月，两者都有明显的季节性特征，收购、加工、仓储环节时间较短，因此相关收购、加工企业、供贷商急需资金参与，需有针对性地开展产业链融资和产业集群融资，满足客户融资需要，推出企业收购资金贷款、仓单质押贷款、龙头企业商承贴现融资、小企业简式快速贷款等新型创新信贷产品。

3. 创新担保方式

一方面拓展抵押担保方式，有效解决农业贷款抵押担保“瓶颈”制约，需要不断扩大抵押担保特别是动产抵押的适应范围，拓展农业产业抵押物的适用范围，拓展应收账款质押、存货抵押、林权抵押等贷款品种；另一方面创新保证担保方式，结合主要农业特色产业，如无核黄皮、砂糖橘等产业链各个环节之间的紧密关系，采取“农户联保、个人保证 + 农户联保、公司担保 + 专业合作社担保”等模式，引入“政府性融资担保 + 保险保证”，放大担保倍数，解决担保能力不足的问题。

四、金融服务乡村振兴模式研究的执行与评估

（一）配套支持

1. 政府可加大公共投入，以产业化、数字化、品牌化为方向深耕特色产业

如在产业化方面，加强产品研发力度，提高产业附加值；积极应用

各种政策机遇加大公共设施投入，引进、培育、支持农业产业化龙头企业做大做强，发展标准化产业园区、种植基地等，形成规模效应。在数字化方面，积极推动政务数据和产业数据的金融应用和共享；应用农业产业发展基金，引入保险公司、担保公司等机构，构建多方风险利益共担机制。

2. 金融机构可从产品、团队和数字金融等方面重点发力

如在产品方面，可按照“产业—行业—企业”三个层次，创新推出服务乡村产业振兴的专属产品体系，一体化打造产品服务方案，创新融资担保模式，创新服务渠道。在团队建设方面，打造洞察本土农业产业金融链发展的金融团队，围绕重点客群制定金融服务生态图谱和营销指引。在数字金融方面，充分利用互联网和大数据技术解决信息不对称问题，强化金融科技赋能，重塑金融服务模式，实现营销端、风控端、作业端的数字化，如打通农业保险、扶贫补贴等数据，推动与农业产业链、三资平台、担保联盟等平台合作，结合农户存款、贷款、结算等行内数据，建立农户数据库，构建农户信用评价体系。

3. 监管机构应构建适应乡村产业振兴的差异化监管政策

如将主要农业产业的金融支持情况纳入金融机构服务乡村振兴考核、监管评级体系等评估指标中；鼓励金融机构与镇村合作，继续开展信用户、信用村、信用镇创建，深入推进农村信用体系建设；以提升农业投入为导向，强化乡村产业振兴重点领域贷款投放。

（二）初步成效

1. 全链资金闭环运作模式为风险防控提供新视角

研究视角由点向线和面扩展。全链资金闭环运作模式改变了农商银行以往单点、单户的微观主体研究模式，转变为在全产业链条中认识客户风险，形成对全链大数据的全貌分析和风险认知，以适配相关的产品要素，实现在全链条资金封闭运行中有效管控客户风险。资金闭环管

理解决了银行风险控制的顾虑，解除了过去严重依赖抵押担保的思想枷锁，打开了全产业链信贷拓展的思维空间。

2. 全链资金闭环运作模式为产品创新激发新动能

项目启动以来，基于全链资金闭环运作模式，化州农商银行创新推出了橘红贷、蚕桑贷等产品；郁南农商银行陆续推出肉桂贷、黄皮贷等定制化和标准化金融产品；茂名农商银行更是基于大数据技术推出“好融易”数字平台，同时配套了罗非贷、沉香贷等系列产品，其中罗非贷上线4个月来，累计授信112户，授信金额达2353万元。

3. 全链资金闭环运作模式为信贷投放注入新动力

截至2022年3月，化州农商银行深度走访的罗非鱼客户超过325户，授信金额超过6000万元；郁南农商银行深度走访的南药客户超过160户，授信金额为1000万元；茂名农商银行“好融易”平台申贷金额为30.38亿元，放款金额达到7.82亿元。上述三家金融机构的相关产品利率为4%～5%，远低于赊销和高利贷等民间借贷利率水平。截至2021年末，化州农商银行、郁南农商银行和茂名农商银行存贷比同比分别提升6.77个百分点、4.02个百分点和4.76个百分点。

我们认为，县域金融机构在乡村产业振兴中大有可为，县域农村金融机构可以服务乡村产业振兴为抓手，创新适销对路的金融产品，提高对当地主要农业产业的信贷支持水平，进而提高机构自身的存贷比和盈利能力，扩大金融支持乡村产业振兴的社会效应，使自身可持续发展能力、服务地方经济和社会发展的能力获得双提升，全面落实金融支持乡村振兴的战略目标，最终实现共同富裕。

参考文献

［1］戴相龙．农村金融体制改革二十五年［J］．农村金融研究，2021（11）．

［2］田剑英．乡村振兴战略背景下新型农业经营主体的金融支持［E］．北京：中国财政经济出版社，2019.

［3］农业农村部对外经济合作中心．金融支持新型农业经营主体模式研究［E］．北京：中国财政经济出版社，2021.

［4］茂名年鉴编委员会．茂名2020年鉴［E］．天津：天津古籍出版社，2020.

［5］郁南年鉴编纂委员会．郁南2020年鉴［E］．北京：中国文史出版社，2021.

［6］化州年鉴编纂委员会．化州2020年鉴［E］．天津：天津古籍出版社，2021.

［7］易志强．地方政府干预，境外战略投资者引入与城市商业银行治理［J］．上海金融学院学报，2014（3）．

［8］邓湘益．地方干预城市商业银行问题研究［J］．怀化学院学报，2006（10）．

［9］陈旭东，马悦．地方政府干预影响了城市商业银行的经营绩效吗？［J］．财会通讯，2017（11）．

［10］潘敏，康巧灵，朱迪星．地方政府股权会影响城市商业银行信贷投放的周期性特征吗？［J］．经济评论，2016（4）．

［11］刘阳，洪正，申宇．地方政府竞争，政府股权与城市商业银

行绩效［J］. 投资研究，2014（9）.

［12］邵新力，邓湘益. 地方政府控股城市商业银行透析［J］. 长沙铁道学院学报，2006（4）.

［13］安福县农行课题组. 理顺银行，政府，企业三者关系，促进地方经济发展［J］. 企业经济，1998（3）.

［14］孙菲菲. 浅谈地方政府激励机制与商业银行信贷的关系［J］. 湖北经济学院学报，2013（1）.

［15］黄建军. 我国城市商业与地方政府关系［J］. 财经科学，2010（5）.

［16］刘凤集，赵建清，尚耀华，李鸿铎. 优化银行与地方政府关系的思路［J］. 农村金融研究，1997（12）.

［17］虞群娥. 政府参与地方商业银行的经济分析［J］. 金融研究 2004（7）.

［18］陈学斌，刘树宪，李贵斌，姜丹丹. 金融支持农业产业链发展现状、问题及对策——以黑河市为例［J］. 理论探讨.

［19］周明栋. 金融支持乡村产业振兴实证——基于产业融合的视角［J］. 金融观察.

［20］黄惠英，付海英，王莹，刘洋. 农户参与农村产业融合的意愿及影响因素研究［J］. 农业经济，2020（5）.

［21］苏开礼，赖庆奎. 农业产业化过程中的金融支持研究［J］. 信合金融.

［22］叶生英. 农业产业向中高端升级的金融支持政策研究［J］. 城镇化与城乡统筹.

［23］李梦宇. 探索金融支持农业产业链现代化之路［J］. 中国银行业.

［24］魏超. 乡村振兴战略背景下农业产业化发展的金融支持路径研究［J］. 现代营销.

［25］董芳．新型城镇化下农业产业链融资探析［J］．农村金融，2014（11）．

［26］张宏伟，全红亮．乡村振兴战略下农业产业链金融发展存在的问题及路径优化［J］．金融创新，2021（6）．

［27］千官镇绿色风情小镇项目［R］．郁南农商银行，2020.

［28］千官镇基本情况及农业、养殖业情况［R］．郁南农商银行，2020.

［29］平台镇简介［R］．郁南农商银行，2020.

［30］郁南县农产品直供配送网区域配送子平台建设情况［R］．郁南农商银行，2020.

［31］县供销社冷链物流配送发展情况［R］．郁南农商银行，2020.

［32］郁南县供销系统“三位一体”工作推进情况［R］．南海农商银行，2020.

［33］郁南县国民经济和社会发展第十四个五年规划和2035年远景目标纲要［R］．郁南县人民政府，2021.

［34］郁南县农业农村局．郁南县农业农村现代化“十四五”规划（2021—2025年）征求意见稿［R］．郁南县人民政府，2020.

［35］关于化州市化橘红产业情况的调研报告［R］．化州农商银行，2020.

［36］中国银行保险监督管理委员会，中国人民银行．中国人民银行、中国银行保险监督管理委员会公告［2021］第7号——关于发布《金融机构服务乡村振兴考核评估办法》的公告［EB/OL］．北大法宝，2021.

［37］陈彦彤，娄钰波，陈柯宇．高原特色农业持续推进金融服务助力乡村振兴——云南金融系统全力践行金融服务实体经济［J］．时代金融，2021.

［38］刘飞，吴云勇，陈佑成．金融支持乡村振兴发展对策研究——以仁寿县为例［J］．商业经济，2021（1）．

［39］益虎．商业银行支持乡村产业振兴路径研究——基于农业“新六产”的探索实践［J］．农村金融，2021.

［40］袁帅，刘姿，冉巧锦，万鑫鑫，张力为．数字经济背景下潭溪镇的乡村产业振兴对策研究［J］．中国外资，2020.

［41］任海峰，李文亮．乡村产业振兴的金融支持路径——基于平顶山市的实践经验［J］．农村金融，2020.

［42］贾苗苗．乡村振兴背景下金融支持农村产业融合发展研究——以河南省为例［J］．案例分析，2021（2）．

［43］何锡彤．乡村振兴战略背景下金融支持肉牛产业发展的路径研究［J］．北方金融，2020.

［44］中国农业银行股份有限公司海南省分行课题组．乡村振兴战略下金融支持海南“三棵树”热带特色产业的现状、问题及路径［J］．经营管理，2020（12）．

［45］胡中江．金融支持农业产业链发展的研究［J］．中国集体经济，2015（25）．

［46］中国证券监督管理委员会，中国银行保险监督管理委员会，财政部农业农村部，中央农村工作领导小组办公室，中国人民银行．人民银行、中央农办、农业农村部等关于金融支持新型农业经营主体发展的意见［J/OL］．北大法宝，2021.

［47］化州市农业农村局．化州市农业“三产”融合发展推动乡村振兴工作情况汇报［R］．化州市农商银行，2021.

［48］佛山市农业农村局．《2021—2023 年佛山市政策性农业保险市级创新险种实施方案》［R］．佛山市农业农村局，2021.

［49］化州市政府．化州市特色农业发展总体规划（2018—2035）［R］．化州市政府，2018（4）．

［50］消费者 & 柠檬品牌社出品．2021 预制菜行业现状与背景研究报告［R］．消费界，2021.

［51］彭纪宁．江门开平成功发放首笔“农机贷”［N］．羊城晚报，2021－12.

［52］郁南农商银行．云浮金融服务乡村振兴　郁南农商银行：走在田间地头助力乡村振兴［J］．云浮发布，2021（12）．

［53］邓美芸，曾国荣．创新农业生产托管服务入选全国典型　茂名化州奏响乡村振兴发展强音［N］．南方日报，2016.

［54］云浮市金融工作局．云浮市金融工作局以“三个率先”金融助力乡村振兴［R］．云浮市金融工作局，2021.

［55］刘永亮．借智借力！南海将从八个方面推动乡村振兴［N］．珠江时报，2021.

［56］张瑞蓥．关注！广东计划将农业生产托管列入乡村振兴绩效考核！［N］．南方日报，2021.

［57］伍思懿，刘涵．农业生产托管列入乡村振兴绩效考核，全省推进农业生产托管和社企对接现场会在茂名化州召开［N］．南方农村报，2021.

［58］郑展能．省农业农村厅与省农信联社携手共促广东农业市场化、国际化、食品化、数字化发展［N］．南方农村报，2021.

［59］广东省人民政府办公厅．广东省人民政府办公厅关于金融支持全面推进乡村振兴的实施意见［R］．广东省人民政府办公厅，2021.

［60］刘芷滢，李安琪．广式美食征战万亿元新赛道　广东“预制菜”产业发展风起云涌［Z/OL］．新华网，2021.

［61］普惠金融．深入基层走访，实现银企有效对接——茂名农商银行党委副书记、行长叶志斌走访广东伟业罗非鱼良种有限公司［Z］．普惠金融，2021.

［62］顾幸伟．广东乡村振兴的主要成效与基本经验［N］．南方日

报，2021.

［63］广东省人民政府．广东省渔业捕捞许可管理办法［S］．广东省人民政府门户网站，2021.

［64］广东省农业农村厅．关于公布2021年省级现代农业产业园建设名单的通知［Z］．广东省农业农村厅，2021.

［65］广东省农业农村厅．关于公布2021年广东省农村乡土专家的通知［Z］．广东省农业农村厅，2021.

［66］广东省农业农村厅．关于印发《广东省农业农村厅关于促进农业产业化龙头企业做大做强的实施意见》的通知［Z］．广东省农业农村厅，2021.

［67］黄帼蓉，张子煜，王猛，叶香玲，高永彬，马千里．广东农产品市场体系建设观察：三问“12221”［N］．南方周末，2021－12.

［68］中国人民银行，中央农办，农业农村部，财政部，银保监会，证监会．关于金融支持新型农业经营主体发展的意见［S］．产业规划，2021（5）．

［69］中国人民银行．银保监会．中国人民银行．中国银行保险监督管理委员会公告〔2021〕第7号［Z］．沟通交流，2022－02.

［70］顾幸伟，温柔．广东省农业农村厅厅长顾幸伟：可复制的“12221”，带动越来越多农民增收［J］．《南方》杂志，2021（8）．

［71］农业农村部与广东省人民政府．农业农村部广东省人民政府共同推进广东乡村振兴战略实施2021年度工作要点［Z］．广东省人民政府门户网站，2021－06.

［72］中共广东省委办公厅．省委、省政府印发《广东省实施乡村振兴战略规划（2018—2022年）》［Z］．广东乡村振兴网，2018－05.

［73］中共广东省委．广东省人民政府关于全面推进乡村振兴加快农业农村现代化的实施意见［N］．南方日报，2021－07.

［74］中共广东省委．广东省人民政府关于实现巩固拓展脱贫攻坚

成果同乡村振兴有效衔接的实施意见［N］．南方日报，2021－07.

［75］陈晓凤．预制菜火遍大江南北，粤式年菜销量增速超300%！［N］．南方农村报，2022－02.

［76］广东经视．茂名金融支农联盟成立，农行茂名分行当选为第一任轮值理事长单位．触电新闻，2022－01.

［77］广东经视．广东化州：巩固金融服务乡村振兴成果，政银企合作探索新路径［N］．触电新闻，2022－01.

［78］广东省农业对外经济与农民合作促进中心，广东省农业展览馆，广东省农业农村短视频制作推广中心．年夜饭预制菜挑大梁？看广东预制菜如何火出圈！［Z］．2022－01.

［79］【产品速递】清远鸡数字农贷项目助力乡村振兴［R］．银信中心，2022－01.

［80］黄进，粤农轩．广东金融服务乡村全面振兴按下“快进键”［N］．南方日报，2022－01.

［81］广东省农业农村厅．广东省乡村产业发展规划（2021—2025年）［R］．广东省农业农村厅，2022－01.

［82］广东省政府新闻办公室．《关于金融支持全面推进乡村振兴的实施意见》及其配套文件［Z］．广东省政府新闻办新闻发布会，2022－01.

［83］王蓓蓓．权威访谈丨郑轲：探索具有佛山特色的现代都市农业发展之路［N］．南方日报，2022－01.

后　记

本书的基础材料收集和写作思路实际发端于县域金融机构支持乡村调研工作（以下简称调研工作）。随着调研工作的逐步推进，本书编委会和调研工作组获取的信息越来越丰富，在中央和各级政府大力推动乡村振兴工作的背景下，金融机构视角下的乡村振兴调研工作所获取的信息和得出的相关结论与提出的建议将为各级政府、金融机构和监管部门在落实乡村振兴战略时提供一个有价值的信息参考。经过编委会的认真研究和分析，最终决定将本次调研工作所积累的材料和信息整理成册，结集出版。

本次调研工作始于2021年9月，编委会主编李宜心先生带领调研工作组赶赴茂名市化州市杨梅镇、新安镇等地调研乡村振兴工作，了解当地乡村振兴工作和金融支持乡村振兴的基本情况，深入调研乡村振兴工作中的农村金融需求。此后，调研工作组的脚步逐渐加快，调研足迹遍布茂名市化州市城区和其他乡镇、茂名市电白区和其他乡镇、云浮市郁南县、佛山市南海区西樵镇等地；调研对象从地方乡镇政府扩大到地方农业农村局、供销合作社、农村金融机构、特色农产品龙头加工企业、农产品贸易流通企业、农业行业协会、农产品种植大户等。

本次调研工作得到了地方政府、银保监机构、企事业单位、农村金融机构的大力支持。例如，在化州市调研期间，经化州市农商银行的协调和沟通，调研工作组与化州市农业农村局和供销合作社的主要领导进行了会谈，并得到地方乡村产业发展情况的大量数据，极大地加深了调研工作组对当地乡村产业发展的理解。又如，在茂名农商银行当地支行的帮助下，在茂名电白区博贺渔港调研时，调研工作组通过与多位地方渔民的会谈了解到，目前渔民所接触到的金融产品的还款要求与他们自身的现金流不匹配，渔民希望金融机构可以根据他们的现金流情况设计针对性更好的金融产品，以降低渔民的利息支出成本。由于受限于本书篇幅，无法对相关机构和人员一一列举。在此，编委会对前述相关机构和人员的鼎力支持和辛勤付出表示衷心感谢。同时，编委会特别感谢耄耋之年的金融泰斗白钦先教授参与乡村振兴考察，提出建设性的意见，并为本书撰写了一万多字的序言，使本书增色不少。此外，还要感谢中国金融出版社的肖丽敏老师、赵晨子老师等为本书付出的辛劳。

相信在各级政府的积极推进下，乡村振兴工作将不断取得新的成绩。在这个过程中，银行金融机构，尤其是农村金融机构的作用是不可或缺的。希望本书可以启发社会各界去思考农村金融机构如何参与乡村振兴、如何利用金融资源助推乡村产业振兴这个问题。

本书编委会
2023 年 2 月